# Stolz,

Am 28. Juni 1968 durfte ich als 13-jähriger Junge den Grundstein legen für das neue Firmengebäude unseres Familienunternehmens GEFRA. Das von meinem Vater gegründete Unternehmen zog in diesem Jahr von Den Haag an unseren Wohnort 's-Gravenzande um. Gefra hatte mehrere Produktionsgruppen wie Werkzeugmaschinen, Bäckereimaschinen, Transportbahnen und für den eigenen Bedarf eine kleine Produktionsabteilung für Schnarnierbandketten aus Stahl.

1979 kamen wir auf die Idee, aus der kleinsten Produktionsgruppe, den Scharnierbandketten, eine neue Geschäftseinheit zu machen und 1980 wurde der Name MCC im Markt eingeführt. Mit westländischer Mentalität, holländischem Kaufmannsgeist, qualitativ hochstehendem Personal und vor allem viel Energie und Durchhaltevermögen wurde MCC Schritt für Schritt eine feste Größe als Lieferant von Schnarnierbandketten aus Stahl für die Getränkeindustrie.

Im Jahr 1997 und nach 17 Jahren Wachstum vom „Nachzügler" zum „Marktführer" mit großartigen, tonangebenden Produkten, die weltweit exportiert werden, kam es zu einem sehr wichtigen Moment in der Geschichte von MCC. Unser größter Konkurrent Rexnord wollte das Familienunternehmen übernehmen, was natürlich ein einschneidender Moment für die Familie, das Personal und, nicht zu vergessen, unsere Kunden war. Dies war unter den Marktbedingungen ein schwieriger, aber logischer Schritt für das weitere Wachstum dieses großartigen Unternehmens und seine Mitarbeiter/innen.

Jetzt, so viele Jahre später, habe ich das Unternehmen noch einmal besucht. Es hat sich durch die amerikanischen Einflüsse verändert, ist aber im Kern noch immer ein echt holländischer Betrieb. Auch der Name MCC ist immer noch auf den Produkten zu sehen und er wird von den Kunden noch immer besonders geschätzt. Ich habe das Unternehmen nach dem Besuch voller Stolz, aber auch motiviert wieder verlassen, weil ich das Glück hatte, zusammen mit dem großartigen Club der MCCer einen so tollen Betrieb aufzubauen.

Ich hoffe, dass das gesamte Personal und die Partner mit demselben Stolz und derselben Wertschätzung noch viele gute Jahre hier gemeinsam verbringen werden.

**Hans van Zijderveld**
Vorm. Direktor MCC

# Beautiful Holland

# Kleines Land – ganz groß bei Arbeit und Handel

**Die Niederlande, klein in der Ausdehnung, aber ganz groß, wenn es auf Arbeit und Handel ankommt.**

Die Niederlande, wie wir sie heute kennen, sind ein relativ junges Land. Vor dem 19. Jahrhundert gab es einige einzelne Regionen, wie Holland, das heute in Nord- und Südholland aufgeteilt ist. Erst im Jahr 1815 schließen sich diese Gebiete zu einem Staat zusammen und das Königreich der Niederlande wird gegründet. Nach der belgischen Revolution von 1830 erhalten die Niederlande ihre heutige Form. Klein, aber oho!

Die heutige Landschaft ist jedoch viel älter und hat sich größtenteils in den letzten 150.000 Jahren gebildet. Dabei sind insbesondere die letzten 1000 Jahre von großem Einfluss, als die Bevölkerung zunimmt und Polder und Deiche angelegt werden. Da man gemeinsam gegen das Wasser kämpfen musste, entstanden eine starke Verwaltung und eine Durchsetzungsmentalität, die einen maßgeblichen Beitrag zum späteren Erfolg des niederländischen Handels leisteten.

Nicht quatschen, sondern reinhauen: das ist das niederländische Arbeitsethos von hartem Arbeiten und viel Geldverdienen. Nach dem deutschen Nationalökonomen Max Weber (1864-1920) ist das auf die protestantische Moral zurückzuführen, die der Arbeit einen positiven Effekt auf die Gesellschaft zuschreibt. Die Niederlande werden schließlich nicht umsonst das Land der Kaufleute und Pfarrer genannt.

# Holland: ein nachhaltiges urbanes Delta

Wirtschaftswachstum ist heutzutage ein großes Thema, und zwar aus einem guten Grund. Wegen der globalen Finanz- und Wirtschaftskrise der vergangenen Jahre haben Länder gemeinschaftlich versucht, Faktoren zu überwinden, die zu einer Stagnation des Wachstums führen, um ihre wirtschaftliche Entwicklung zu stimulieren. Infolge dieser gemeinschaftlichen Vorgehensweise erlebten zahlreiche Länder in letzter Zeit Phasen der wirtschaftlichen Erholung. Dennoch wird die Stimulierung eines umfassenden Wirtschaftswachstums während der kommenden Jahrzehnte eine gemeinsame weltweite Herausforderung bleiben. Gemeinsam mit einem massiven Verstädterungstrend und zunehmenden schädlichen Auswirkungen des Klimawandels werden der wirtschaftliche, ökologische und gesellschaftliche Wohlstand auf die Probe gestellt. Schätzungen zufolge werden im Jahr 2050 durchschnittlich mehr als 70 Prozent der Weltbevölkerung in Städten leben. Darüber hinaus stellen die zunehmenden intensiven Dürreperioden, starken Niederschläge und häufigeren und extremeren Hochwasser die überfüllten Städte, in denen das natürliche Gleichgewicht zwischen der Umwelt, der Wirtschaft und der Gesellschaft auf dem Spiel steht, vor noch größere Herausforderungen. Um eine nachhaltige Stadtentwicklung zu gewährleisten, suchen Länder immer mehr nach Lösungen für den Schutz des Wohlstands und Wohlergehens ihrer Bürger.

Aufgrund der wirtschaftlichen, ökologischen und sozialen Entwicklungen ist eine mehr kooperative, zukunftssichere und integrale Vorgehensweise erforderlich, um langfristigen Wohlstand sicherzustellen. Aus einer ganzheitlichen Perspektive müssen Länder ein System entwickeln, in dem integrale Vorgehensweisen und bereichsübergreifende Lösungen die Norm sind.

Als Land mit einem tiefliegenden Delta waren die Niederlande von Anfang an mit der enormen Kraft des Meeres konfrontiert. Wasser in einem dichtbesiedelten Delta an der Mündung von drei großen Flüssen zu steuern und zu kontrollieren, hat die Niederländer geprägt. Die uralte Beziehung mit Wasser hat ihre DNS geformt. Durch ihre Beziehung mit Wasser wird die niederländische Arbeitsweise angetrieben durch Inklusion, gegenseitige Bereicherung, Integration und den Blick auf das große Ganze. Die pragmatischen und zielgerichteten niederländischen Lösungen wurden aus der Not geboren. Noch immer stellen sie die Zukunft des Landes und seiner Einwohner sicher. Bei der Arbeit mit der Natur gelang es den Niederländern, nachhaltige Lösungen für ihr Wirtschaftswachstum zu kreieren. Diese Lösungen zielten nicht nur darauf ab, dem Meer neues Land abzuringen oder Windenergie zu verwenden, um die Netzwerke aus Deichen und Pumpen, die dieses neue Land verteidigten, mit Energie zu versorgen. Kreative Lösungen wurden auch benötigt, um in dem dichtbesiedelten urbanen Delta harmonisch zusammenzuleben. Lösungen, die sich nicht nur auf praktische Themen wie Müllentsorgung, Trinkwasser, Luftqualität und Wohnraum konzentrieren, sondern auch auf Themen wie Kontrolle, Toleranz und eine faire Gesellschaft. Diese Lösungen, die aus der Not heraus geboren wurden, haben die niederländische Landschaft zunehmend geprägt und die Niederlande dabei nach und nach als ein eigenes nachhaltiges urbanes Delta etabliert.

## Die Niederländer kreierten ihr Land, und ihr Land kreierte ihre Denk- und Arbeitsweise.

Die Geschichte von Holland dreht sich um das Wassermanagement. Ein großer Teil des niederländischen Wissens und Könnens hat mit Wassermanagement, Raumplanung, Wasserversorgung und Wasserqualität zu tun. Seit dem frühen Mittelalter haben die Niederländer dem Meer neues Land abgewonnen und dieses gegen die Wassermassen verteidigt. Was taten sie, wenn sie mehr Land für die Landwirtschaft benötigten, um ihre Wirtschaft auszubreiten? Sie kreierten neues Land, das es vorher nicht gab, indem sie die enorme Kraft des Meeres kontrollierten. Sie konstruierten Windmühlen, um Wasser abzupumpen und ‚Polder' zu kreieren. Sie bauten Deiche, Dämme und Schleusen um ihr wertvolles Land zu beschützen. Mit ihrem Verständnis des Meeres nutzten sie seine Kraft für den Küstenschutz. Und indem sie mit der Natur arbeiteten, schufen sie Platz für ansteigende Flüsse und hielten sie Überflutungen in Schach.

Als Vorbild eines nachhaltigen urbanen Deltas liefern die Niederlande heute lebensweltorientierte Lösungen für Deltastädte. Mit erprobten Systemen können die Niederländer dabei Unterstützung leisten, niedrig gelegene Deltaregionen auf der ganzen Welt zu sichern. Die Kooperation zwischen der Regierung, der Privatwirtschaft und Wissenseinrichtungen, um Herausforderungen zu meistern, die mit dem urbanen Delta zu tun haben, war entscheidend für den Schutz der nachhaltigen Entwicklung des niederländischen Deltas. Heute liefert diese Form der Kooperation immer noch die stabile Basis für die integralen Lösungen, die das niederländische urbane Delta zu einem wohlhabenden und lebhaften Lebensraum macht. Die bereichsübergreifenden Verbindungen zwischen dem Wasserversorgungssektor, Energieversorgungsunternehmen, Logistikzentren und Nahrungsmittel erzeugenden Farmen und Gewächshäusern bilden die Basis des niederländischen urbanen Deltas, in dem die Natur eine wichtige Rolle spielt. Die integralen Lösungen sind messbar und multifunktional und deshalb äußerst nützlich bei der Unterstützung nachhaltiger Stadtentwicklung weltweit.

Indem wir Dinge auf die niederländische Art tun, liefern wir Produkte und Dienstleistungen, die Menschen bewegen. Nicht mit großspurigen Behauptungen, sondern mit Beweisen, dass Dinge funktionieren und signifikante Ergebnisse produzieren. Inspiration durch Aktion. Diese typisch niederländischen Eigenschaften sind in unserer DNS verankert und können in unserer Geschichte zurückverfolgt werden. Indem wir in großen Dimensionen und out-of-the-box denken, haben wir schon immer innovative Lösungen geschaffen. Durch Zusammenarbeit und Ausdauer haben wir für die Realisierung unserer Ideen gesorgt. Diese kreative, manchmal unorthodoxe, aber immer lösungsorientierte Denkweise ist Teil der niederländischen DNS. Sie macht die Niederländer so anders und die Zusammenarbeit mit den Niederländern so effizient. Think different. Think Holland.

Beautiful Holland

RVO

Beautiful Holland

*Holland in einem Satz*

*Wenn man ein Land erschafft*
*in dem Delta*
*von drei großen Flüssen*
*die in die Nordsee fließen*
*und wenn die Hälfte des Landes*
*unter dem Meeresspiegel liegt,*
*wird Wasser*
*ein vertrauter Teil*
*unseres Bewusstseins*
*und täglichen Lebens*

ROYALBLUE®
COLLECTION
www.royalbluecollection.nl

# Export und Spitzensektoren - Schlüssel zu neuem Goldenen Zeitalter

**Export ist Experten zufolge der Schlüssel zum einem neuen Goldenen Zeitalter. Mit ihrer riesigen Kreativität und ihrem Erfindungsreichtum können die niederländischen Unternehmen in den nächsten Jahrzehnten auf dem ausländischen Markt noch viel mehr erreichen als bisher. Solche wirtschaftlichen Spitzenbereiche sind unter anderem die Lebensmittelindustrie und Hightech.**

Die Niederlande gehören zu den zwanzig größten Ökonomien der Welt und gelten als führendes Wissensland. Das Land hat eine jahrhundertealte Geschichte mit Erfindungen, der Seefahrt auf allen Weltmeeren und dem Handel mit anderen Ländern. Aber ein neues Goldenes Zeitalter ist nur dann möglich, wenn man sich nicht zu lange mit der Vergangenheit beschäftigt.

Die Welt verlangt nach sauberer Energie, nachhaltig produzierter Nahrung, bezahlbarer Gesundheitsfürsorge, sauberem Trinkwasser und sicheren Deltas. Die Niederlande haben Stärken in Produkten und Dienstleistungen, die einen Beitrag zur Deckung dieser schnell zunehmenden gesellschaftlichen Nachfrage leisten. Hier liegen gewaltige Wachstumschancen für Export auf den Weltmarkt.

## Wissensintensiv

Um ökonomisch und gesellschaftlich ihren Platz unter den Top 20 zu behalten, treiben die Niederlande seit 2011 neun Spitzensektoren voran. Es handelt sich um folgende Sektoren: Lebensmittelindustrie, Chemie, kreative Industrie, Energie, Hightech, Biowissenschaften und Gesundheitsforschung, Logistik, Gartenbau und Ausgangsmaterialien (Samen und junge Pflanzen für den Land- und Gartenbau) und Wasser. Für alle Spitzensektoren gilt, dass sie viel Know-how verlangen und exportorientiert sind und dass sie für Wohlstand und Arbeitsplätze in den Niederlanden sorgen.

Met investeringen wil het kabinet het verdienvermogen van de topsectoren volop benutten en de Nederlandse concurrentiekracht en economie versterken. Om de schaarse financiële middelen zo goed mogelijk in te zetten, werken bedrijven, onderzoekers en overheid nauw met elkaar samen in Topconsortia voor Kennis en Innovatie (TKI).

Die Politik befindet sich in ständigem Dialog mit den Spitzensektoren, um Maßarbeit für sektorspezifische Themen anbieten zu können. Um Exportchancen auf dem Weltmarkt zu nutzen, müssen auch Randbedingungen wie IT, Bürokratie, Nachhaltigkeit und Arbeitsplätze für alle diese Sektoren stimmen. Auch darüber treffen die Spitzensektoren Absprachen, sodass in jedem Sektor Wissen und Innovation in nachfrageorientierte Produkte umgesetzt werden können.

Mit Investitionen möchte das Kabinett die Verdienstmöglichkeiten der Spitzensektoren voll ausschöpfen und die niederländische Wettbewerbsfähigkeit und Wirtschaft stärken. Um die knappen finanziellen Mittel so effektiv wie möglich einzusetzen, arbeiten Unternehmer, Wissenschaftler und die Regierung in Topkonsortien für Kenntnisse und Innovation (TKI) eng zusammen.

Der Spitzensektor Wasser, insbesondere die Einheit TKI Maritiem, gilt als eines der erfolgreichsten Beispiele für die neue Politik. Es ist TKI Maritiem gelungen, einen Forschungsplan zusammenzustellen, von dem auch kleinere Unternehmen profitieren. Das Konsortium Wasser hat sogar sein eigenes technologisches Spitzeninstitut: Wetsus in Leeuwarden. Die niederländischen Baggerfahrer, die bei der Anlage der Palmeninsel in Dubai mitarbeiten und die niederländischen Ingenieurbüros, die ihr Know-how für den Bau der Küsten-Verteidigungswerke in New Orleans und New York zur Verfügung stellen, haben diesem Spitzensektor zu internationaler Bekanntheit verholfen.

## Gemeinsam

Ein weiteres schönes Beispiel für Zusammenarbeit ist die Lebensmittelindustrie. Vor noch nicht allzu langer Zeit sind die Landwirte und Nahrungsmittelhersteller jeweils eigene Wege gegangen. Inzwischen wird gemeinsam nach Möglichkeiten gesucht, weniger Salz, Zucker und Fett in der Nahrung zu verarbeiten und dabei dennoch den Geschmack zu erhalten.

Allein der Landwirtschaftssektor hat einen Exportumsatz von 80 Milliarden Euro, der jedoch fast doppelt so hoch sein könnte (150 Milliarden), wie aus einer Inventarisierung der Spitzensektoren hervorgeht. Das gilt auch für den Hightechsektor: der heutige Exportumsatz von 65 Milliarden Euro könnte auf 110 Milliarden wachsen. Das geht natürlich nicht von alleine, dafür müssen die Niederländer 'de boer op' (Klinken putzen), wie man so schön sagt. Oder auch strategische Handelsmissionen unternehmen. Das erste, was Hans de Boer 2014 als neuer Vorsitzender des Unternehmensverbandes VNO-NCW (Interessenvertretung von 115.000 Unternehmen) machte, war der Besuch der Botschafter aller wichtigen Handelspartner.

Die niederländische Ökonomie kann nur durch Innovation mit den anderen Weltökonomien mithalten. Die Spitzensektoren müssen die neuesten Erkenntnisse und technologischen Entwicklungen maximal nutzen, um effizientere, flexiblere, hochwertigere und maßgeschneiderte Produkte auf den Markt zu bringen.

## Smart

Das ist der Gedanke hinter dem Aktionsplan Smart Industry, der Anfang 2015 offiziell präsentiert wurde. Initiatoren sind Arbeitgeberverbände, das niederländische Wirtschaftsministerium, das Forschungsinstitut TNO, die niederländische Handelskammer und Nederland ICT. Ineke Dezentjé Hamming, Vorsitzende des Teams Smart Industry: „Was wir brauchen, ist ein schlagfertiger und tatkräftiger nationaler Smart Industry Ansatz. Die Zeit drängt."

Der Zugang der Unternehmen zur digitalen Welt verläuft über zehn sogenannten Versuchsgelände oder Feldlaboratorien, wie SmartDairyFarming. Unternehmen, Wissenszentren und Milchbauern arbeiten im SDF gemeinsam an der Entwicklung innovativer Mittel im Bereich Tiergesundheit, Fruchtbarkeit und Nahrung. Mit diesen Mitteln können Milchbauern die Lebenszeit ihrer Kühe verlängern.

Das konkrete Ergebnis besteht aus Sensoren, Kennwerten, Entscheidungsmodellen und Beratungsprodukten, die helfen, bei der Pflege der Kühe die richtigen Entscheidungen zu treffen. Gute Pflege trägt zu einer besseren Gesundheit und einer höheren Lebenserwartung der Tiere bei. So liefert dieses Produkt einen Beitrag zur Hebung der Nachhaltigkeit dieses Bereiches.

# Niederländische Meister: von Rembrandt bis Hardwell

**In den Niederlanden wimmelt es seit jeher von Meistern, und zwar unterschiedlichster Art. Von Rembrandt über Roosegaarde bis zu Hardwell. Denn die Künstler und DJs des 21. Jahrhunderts sind würdige Erben der großen Maler des Goldenen Zeitalters.**

Weltberühmt sind alle in diesem Kapitel und in späteren Kapiteln genannten Meister (Frans Hals, Vincent van Gogh). Aber, bei allem Respekt, sollte diese noch ziemlich unvollständige Liste zweifellos mit dem Schöpfer *Der Nachtwache* beginnen, Rembrandt Harmenszoon van Rijn (Leiden, 1606 - Amsterdam, 1669).

Er ist der wichtigste holländische Meister des siebzehnten Jahrhunderts: Mit seinem gewaltigen Werk von etwa 300 Gemälden, 300 Radierungen und 2000 Zeichnungen beherrscht er wie kein Zweiter das Spiel von Licht und Dunkel. Dabei verwendet er oft starke Kontraste, die den Betrachter in das Bild hineinziehen.

Rembrandt sieht sich selber vor allem als Historien- und Portraitmaler. Seine hundert gemalten und zwanzig radierten Selbstportraits ergeben ein auffallend klares Bild von seinem Aussehen und seinen Gefühlen. Er stellt sich selbst als Apostel Paulus und einen König aus dem Osten dar. Seine Ehefrau Saskia van Uylenburgh, sein Sohn Titus und die Freundinnen Geertje Dircx und Hendrickje Stoffels spielen in seinen Werken eine prominente Rolle als Modelle für biblische, mythologische oder historische Figuren.

Rijksmuseum, Amsterdam

Niederländische Meister: von Rembrandt bis Hardwell

# Steen

Jan Havickszoon Steen (Leiden, 1625 - Leiden, 1679) ist - wie Rembrandt - ein Maler des Barock, der sich durch seinen Humor und seine überschwänglichen Farben auszeichnet. Sein wichtigstes Thema ist das Alltagsleben. Viele Szenen sind chaotisch und wollüstig. Die Darstellungen sind so prägnant, dass der Ausdruck ‘ein Jan Steen Haushalt’ in den Niederlanden zu einem geflügelten Wort wurde.

Steen lässt sich auf die verschiedensten Themen ein: er malt historische, mythologische und religiöse Szenen, Portraits, Stillleben und Naturbilder. Seine Darstellungen von Kindern werden gerühmt, ebenso seine Beherrschung des Lichts und sein Auge für Detail, insbesondere bei Stoffen. Jan Steen macht etwa 400 Gemälde, darunter *Het Sint Nicolaasfeest (Die St. Niklaus Feier)*.

*Rijksmuseum, Amsterdam*

Rijksmuseum, Amsterdam

## Vermeer

Durch seinen unnachahmlichen Umgang mit Farben und die verblüffende Lichtführung in seinen Arbeiten ist Johannes Vermeer (Delft, 1632 - Delft, 1675) einer der größten Maler des Goldenen Zeitalters.

Vermeer malt etwa 45 Gemälde, hauptsächlich Genrestücke und ein paar Historienstücke, Allegorien und Stadtansichten. *Het Melkmeisje* (Das Milchmädchen) ist zweifellos das bekannteste Werk des Mannes, der im 19. Jahrhundert den Beinamen Die Sphinx von Delft bekommt, weil über sein Leben so wenig bekannt ist.

Nicht alle Vermeer zugeschriebenen Werke sind signiert und nur drei davon sind datiert, sodass es einige Kontroversen über die Echtheit seiner Werke gibt. Dieser Umstand bietet auch Fälschern Raum. Daher sollte der Name einer der ganz Großen in diesem Schattenreich nicht fehlen, auch wenn er umstritten ist: Han van Meegeren. Dieser Meisterfälscher (Deventer, 1889 - Amsterdam 1947) verlegte sich vor allem auf das Fälschen von 'Vermeers', unter anderem *De Emmaüsgangers* (Die Wanderer nach Emmaus).

# Tiësto

Dj Tiësto, der Künstlername von Tijs Michiel Verwest (Breda, 1969), ist ein niederländischer DJ, der auch oft auf großen Dance-Festivals auftritt. Tiësto wurde mehrfach zum besten DJ der Welt gewählt, mit Dance, House und Trance als Spezialitäten. 2015 gewinnt er einen Grammy (amerikanischer Music Award) für seinen Remix des Songs *All Of Me* von John Legend.

Tiësto hat inzwischen Gesellschaft von über einer Handvoll Volksgenossen bekommen, die mit ihrer Musik Säle auf der ganzen Welt in Ekstase versetzen. Und es sind nicht nur junge Leute, die sich gerne von den aufputschenden Klängen der niederländischen DJs mitreißen lassen.

# Armin van Buuren

Ein anderer bekannter niederländischer DJ ist Armin Jozef Jacobus Daniël van Buuren (Leiden, 1976). Sein Genre: Trance. Er wird fünf Mal zum besten DJ der Welt erklärt. Seit 2001 moderiert und produziert er das Radioprogramm *A State of Trance*, das wöchentlich übers Internet, in den Niederlanden auf Radiostation 538, in Flandern auf TOPradio und auf 21 anderen Radiostationen ausgestrahlt wird.

Van Buuren hat im Lauf der Jahre zahlreiche Remixes und Singles herausgebracht. Sein Plattenlabel Armada Music wurde schon zweimal zur besten Plattenfirma der Welt gewählt.

*www.arminvanbuuren.com*

# Hardwell

Hinter dem Künstlernamen Hardwell steckt Robbert van de Corput (Breda, 1988). Der DJ und Produzent macht vor allem Dance und House, sowie Remixes bestehender Nummern. Wenn van Buuren ein Radioprogramm hat, hat Hardwell gleich zwei: *Hardwell On Air* auf Radio 538 und auf der amerikanischen Radiostation Sirius XM.

Er wurde schon zwei Mal zum besten DJ der Welt erklärt. Seit 2014 ist Hardwell Botschafter von dance4life, einer Organisation, die den Kampf gegen Aids (bei Jugendlichen) unterstützt.

*Credits: Gerard Henninger*

Credits: *Daan Roosegaarde*

# Roosegaarde

Daan Roosegaarde (Nieuwkoop, 1979) ist ein Künstler, Unternehmer und Designer. Er ist der Leiter des Studio Roosegaarde, einem Designstudio mit Niederlassungen in den Niederlanden und Shanghai, und Mitglied des New Dutch Digital Design, eines Künstlerkollektivs, das die Grenzen zwischen Mensch und Cyberspace erforscht.

Eine seiner bekanntesten Arbeiten ist *Dune*, eine interaktive Kornfeldlandschaft, die aus hunderten von LED Lampen besteht, die auf Berührung und Geräusche reagieren. Die Installation wurde unter anderem im Tate Modern London, sowie in Tokio und Hongkong ausgestellt.

Bekannt sind auch seine Projekte in Zusammenarbeit mit dem Bauunternehmen Heijmans: *Smart Highway*, eine interaktive Autobahn und der beleuchtete *Van Gogh Radweg* in Nuenen. *Rainbow Station* ist ein Regenbogen, der jeden Abend nach Sonnenuntergang einige Minuten lang auf dem östlichen gläsernen Ende einer der Bahnhofshallen des Amsterdamer Hauptbahnhofs zu sehen ist.

# Die zwölf Provinzen

**Die Niederlande sind in zwölf Provinzen eingeteilt. Zu den wichtigsten Aufgaben einer Provinz gehört die Raumplanung, denn in einem kleinen, dicht besiedelten Land muss die Bodennutzung bis auf den Zentimeter genau festgelegt werden.**

Die Niederlande gehören in der zweiten Hälfte des fünfzehnten Jahrhunderts zum Burgunderreich. Die südlichen Niederlande mit dem Herzogtum Brabant und der Grafschaft Flandern sind eine einflussreiche Wirtschaftsmacht, während die nördlichen Niederlande mit der Grafschaft Holland weniger wohlhabend sind. Die heutigen Niederlande entstehen 1588 mit der Gründung der Republik der Sieben Vereinigten Provinzen, der im Goldenen Zeitalter eine Hauptrolle auf der Bühne der Weltgeschichte zugedacht ist.

## Belgien

Im Jahr 1815 werden die nord- und südniederländischen Provinzen zum Vereinigten Königreich der Niederlande zusammengelegt. 1830 trennen sich die südniederländischen Provinzen ab: Das ist die Geburtsstunde Belgiens. Die Niederlande bestehen jetzt noch aus Limburg, Zeeland, Noord-Brabant, Overijssel, Drenthe, Gelderland, Friesland, Groningen und Holland.

Die Provinz Holland wird in Nord- und Südholland aufgeteilt und im Jahr 1986 kommt Flevoland als letzte Provinz dazu. Aber damit ist noch nicht das Ende erreicht - befürchten viele, als das Kabinett Rutte II im Jahr 2012 einen Gesetzentwurf einbringt, um aus den zwölf Provinzen 5 bis 7 Superprovinzen zu machen. Nord-Holland, Utrecht und Flevoland sollen demnach als erste fusionieren, die Pläne stoßen jedoch auf großen Widerstand von allen Seiten.

Die Provinzen sind die Verwaltungsebene zwischen Land (Rijk) und Kommunen und arbeiten eng mit beiden zusammen. Zu ihren wichtigsten Aufgabenbereichen gehören Verkehr, Transport und, in den Niederlanden ganz besonders wichtig, Raumplanung. Denn in diesem kleinen Land muss für jeden Quadratmeter Boden festgelegt werden, was seine Bestimmung ist, wo Wohnungen und Gewerbezentren gebaut werden und wo Straßen, Radwege, Brücken und Überführungen angelegt werden sollen. Ohne eine klare Vorstellung und feste Pläne könnte dieses dicht besiedelte Land versumpfen und das könnte zu einem großen Chaos führen.

## Stimulierung

Um die wirtschaftliche Entwicklung und das Angebot an Arbeitsplätzen zu stimulieren, arbeiten Provinzen mit Gemeinden, Arbeitgebern und Arbeitnehmern zusammen. Manche Provinzen haben gemeinsam mit anderen Behörden und der Wirtschaft spezielle Entwicklungsgesellschaften gegründet, um ein gutes Standortklima für Unternehmen zu schaffen.

*Die Provinciale Staten* (Provinzialregierung) sind das Parlament der Provinz, die allgemeine Verwaltung. Die Mitglieder *der Provinciale Staten* werden alle vier Jahre gewählt. Die *Gedeputeerde Staten* (Provinzialausschuss) entsprechen dem Kabinett einer Provinz, wenn man diese Ebenen vergleicht. Die Mitglieder werden von den *Provinciale Staten* für einen Zeitraum von vier Jahren gewählt.

Der Vorsitzende des Kollegiums der *Gedeputeerde Staten* ist der Kommissar des Königs. Er oder sie wird nicht gewählt, sondern von der *Kroon* (König und die Minister) ernannt. Die Ernennung gilt für einen Zeitraum von sechs Jahren, es besteht die Möglichkeit der Wiederernennung. Der Kommissar kann nur von der *Kroon* entbunden werden.

Amsterdam

# Noord-Holland

Provincie
Noord-Holland

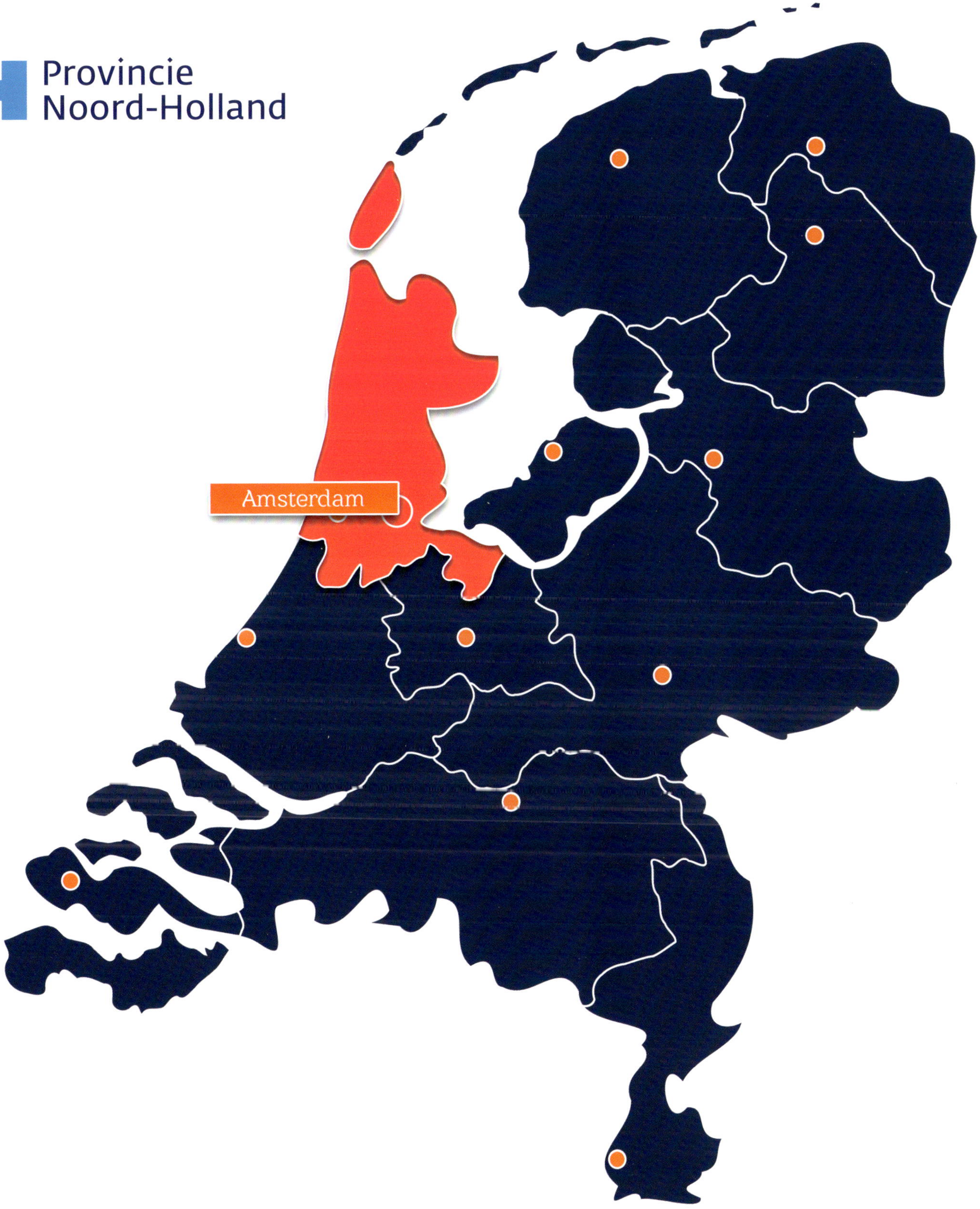

# Die reiche Zuiderzee-Kultur

**Im Zuiderzeemuseum in Enkhuizen werden drinnen und draußen die Geschichten von Menschen wieder lebendig, die früher um die Zuiderzee herum wohnten.**

In diesem 'doppelten Museum' ist zu sehen, hören, spüren und zu riechen, wie man um die Zuiderzee lebte und arbeitete, bevor sie im Jahr 1932 mit dem Afsluitdijk ins IJsselmeer verwandelt wurde. Im Mittelpunkt stehen die Themen Wasser, Handwerk und Gemeinschaft. Im Freiluftmuseum wird das mit historischen Gebäuden und im Inneren des Museums mit Themen-Ausstellungen anschaulich gemacht.

Die Museumsfähre fährt übers IJsselmeer zum Freiluftmuseum, wo man eine Wanderung durch die Geschichte unternehmen kann. Die Route führt über kopfsteingepflasterte Gassen an über 130 ursprünglichen Wohnhäusern, Geschäften, Werkstätten und einer Kirche entlang.

Besucher können im Marker Hafen mit anfassen und den Handwerkern beim Stricken der Netze helfen. Auch drehen sie Seile in der Seilerei, plaudern mit den 'Bewohnern' von Urk und helfen dem Dienstmädchen bei der Arbeit, wenn das Dienstmädchen sie darum bittet.

## Schatzkammer

Das Innere des Museums am Wierdijk ist die Schatzkammer der Zuiderzee. In Wechselausstellungen wird die reiche Sammlung zur Schau gestellt. Die Präsentation *Reis rondom de Zuiderzee* (Reise um die Zuiderzee) nimmt den Besucher mit zu den Glanzstücken der Sammlung und einigen persönlichen Geschichten über das Leben an Orten rund um die ehemalige Zuiderzee.

Das Freiluftmuseum ist von Ende März bis Ende Oktober von 10 bis 17 Uhr geöffnet. Das Innenmuseum ist das ganze Jahr über von 10 bis 17 Uhr geöffnet, mit Ausnahme des ersten Weihnachtstages.

WWW.BRUINEVLOOT.NL
HENDRIK

# Volendams große Anziehungskraft

**Volendam ist überaus beliebt. Der kleine Hafen am IJsselmeer, die historische Straße De Dijk, die Spuren der alten Fischerkultur, die alten Häuschen, die Geschäfte und stimmungsvollen Gaststätten locken jährlich Millionen Besucher an.**

Um 1880 entdecken Maler den Charme dieses Dörfchen an der damaligen Zuiderzee. Hier scheint die Zeit still gestanden zu haben und der volkstümliche Charakter, der das Straßenbild prägt, inspiriert die Künstlerkolonie bis in die erste Hälfte des 20. Jahrhunderts.

Volendam wächst, die Geschäftigkeit nimmt zu, der Tourismus bekommt eine wichtige Rolle. Das Dorf entwickelt sich zu dem lebendigen Ort, der es heute ist. Hier findet man noch viele Spuren der ursprünglichen dörflichen Atmosphäre, in Kombination mit den modernen Ansprüchen der Touristen, wie Geschäften, Gaststätten und Freizeitangeboten. Ein wunderbarer Ort für Besucher, die ihre Freizeit angenehm verbringen möchten.

# Egmond aan Zee

**Die zahlreichen noch bestehenden Fischerhäuschen in Egmond aan Zee lassen keinen Zweifel aufkommen: Dies war einst das Haupt-Fischerdorf der Gegend.**

Egmond leefde eeuwenlang van de visvangst. De Egmond lebte jahrhundertelang vom Fischfang. Die Egmonder Fischer fuhren von November bis Mai aus und fingen Schellfisch, Kabeljau, Schollen und andere Plattfischarten. Der größte Teil des Fangs landete auf dem Fischmarkt von Alkmaar. Einige Fanggründe an der Alkmaarse Mient wurden an Egmonder Fischfrauen verpachtet, die den Fisch auch von Haus zu Haus verkauften, auch wenn das gegen die städtischen Verordnungen verstieß.

Das zeichnet die Egmonder aus, die auch im 21. Jahrhundert noch als Sturköpfe gelten. Wir würden sie eher als charaktervoll, zäh und eigensinnig beschreiben.

# Bergen aan Zee

**Unerschütterlich blickt Marie van Reenen-Völter von ihrem Sockel in einer Grünanlage am Parkweg auf ihre Schöpfung Bergen aan Zee nieder und sieht, dass es gut ist.**

Die deutsche Maria Völter heiratete 1882 Jacob van Reenen, der von 1885 bis 1923 Bürgermeister von Bergen war. Im Jahr 1905 gründeten sie Bergen aan Zee. Die Anlage des Badeorts in einem leeren Dünengebiet aus Familienbesitz wurde mit den Erlösen aus ihrer Landwirtschaft finanziert.

Hier scheint die Zeit still zu stehen. Es herrscht keine Hektik wie in anderen Badeorten. Es werden nur hier und da ein paar vereinzelte Souvenirs zum Kauf angeboten. Wenn es die 'Zimmer frei' Schilder nicht gäbe, könnte man meinen, in einem Villapark mit wunderschönen freistehenden Häusern, liebevoll gepflegte Gärten, hohen Zäunen und Reetdächern gelandet zu sein.

DE ROODE LEEUW
ANNO 1771

# Seit Jahrhunderten Energie aus Wind

**Auch Niederländer leben nicht nur vom Wind. Aber sie wissen schon seit Jahrhunderten, wie man Windmühlen einsetzt, um die Arbeit zu erleichtern und mehr Lebensraum zu schaffen. Um das Leben auf der Erde auch in Zukunft zu sichern, werden immer mehr Windräder als nachhaltige Energiequelle eingesetzt.**

Schon im Mittelalter ist Windkraft für viele Geschäftszweige eine gute und vor allem preisgünstige Energiequelle. Die Windmühlen mahlen Getreide für die Bäcker, Eichenrinde für die Gerber und Holz für die Zimmerleute.

Bei der Einpolderung ab dem 16. Jahrhundert spielen die Windmühlen eine bedeutende Rolle. Im Jahr 1553 wird mit einer so genannten Poldermühle (mit Schöpfwerk) das südlich von Alkmaar gelegene Achtermeer trockengelegt. Damit wird die erste Trockenlegung vollzogen. Der Kampf ums Land kann dann wirklich beginnen.

## Schermeer

Das Daalmeer, Zwijnsmeertje, Heilooërmeer und Boekelermeer folgen. Es wird niemanden verwundern, dass in Alkmaar viele Stadtteile und Straßen (und im Falle Boekelermeer sogar ein ganzes Gewerbezentrum an der A9) danach benannt wurden. Das Schermeer wird zum Polder Schermer (heute ein Teil der Gemeinde Alkmaar), Bamestra heißt heute Beemster.

Mit der Industrialisierung in der zweiten Hälfte des 19. Jahrhunderts werden neue Energiequellen erschlossen. Die Mühle tritt in den Hintergrund, aber das ist nur von relativ kurzer Dauer. Der wachsende Wohlstand und der zunehmende Bedarf an Transportmitteln bei einem großen Teil der Weltbevölkerung sorgen für einen drohenden Mangel an fossilen Brennstoffen, Öl und Gas.

Die Energiepreise steigen. Bürger, Unternehmen und Regierungen fühlen sich nicht wohl bei dem Gedanken, völlig abhängig von den Lieferungen von Elektrizitätsunternehmen zu sein und suchen nach Alternativen. Atomenergie stößt auf zunehmenden Widerstand, ebenso die Gewinnung von Schiefer-Öl und -Gas. In den letzten Jahrzehnten des 20. Jahrhunderts wird der Ruf nach nachhaltiger Energie immer lauter. Autos werden (teilweise) mit Elektrizität und Wasserstoff betrieben und auf immer mehr Dächern verrichten Solarzellen ihr Werk.

## Wiederherstellung

Windkraft kommt wieder zu Ehren. Windräder schießen überall aus dem Boden, es werden kleinere Varianten für Städte entwickelt. Diese urban Windräder ergänzen die Sonnenenergie, denn meistens geht viel Wind mit schlechtem Wetter und wenig Sonne einher und umgekehrt. Offshore-Windparks erheben sich aus dem Meer empor (oder befinden sich in Planung).

Aber während die 'neuen' Mühlen auch zu vielen Klagen über die 'Verunstaltung der Landschaft' führen, bleiben die 'alten' eine der größten touristischen Attraktionen des Landes. Und glücklicherweise gibt es davon genug: etwa 1170 Windmühlen oder Poldermühlen. Viele davon mahlen immer noch, und wenn es auch nur der Unterhaltung der Besucher dient.

Besonders berühmt ist die Reihe von Poldermühlen in Kinderdijk. Auch die Zaanse Schans, Alkmaar, Schermer, Alblasserwaard, Leiden, Amsterdam und Schiedam sollten sich Mühlenliebhaber nicht entgehen lassen.

# Alkmaar und Käse sind Synonyme

**Käsestadt Alkmaar. Fragen Sie einmal in Japan, Australien, den USA, Russland oder Argentinien: Wer schon etwas von diesem historischen Ort im Nordwesten der Niederlande gehört hat, weiß, dass Alkmaar und Käse Synonyme sind.**

Schon im Mittelalter war Alkmaar ein wichtiges regionales Zentrum, zu dem Menschen aus der ländlichen Umgebung kamen, um ihren Überschuss an Gütern an den (Bürger-)Mann zu bringen. Damals gab es noch keine Läden, der Handel fand im Freien statt: auf den Märkten. Alkmaar hatte zahlreiche Märkte, wie aus einem Reglement aus dem Jahr 1618 hervorgeht. Für Karotten, Zwiebeln und Rüben, Butter und Schafskäse, Milch, Geflügel, Brot und Zwieback, Ton- und Kupfertöpfe, Ochsen und Kühe, Äpfel und Birnen und sogar für Bäume.

## Stadtstorch

Auch heute noch erinnern Straßennamen an die Produkte, die dort damals verkauft wurden, wie Boterstraat (Butterstraße) und Paardenmarkt (Pferdemarkt). Die dank der zahlreichen Gaststätten immer noch sehr beliebten Visbanken (Ecke Mient und Verdronkenoord) weisen natürlich auf den Fischmarkt hin, der hier lange Zeit gehalten wurde. Um diesen so sauber und hygienisch wie möglich zu halten, wurde ein Stadtstorch 'angestellt', ein Storch mit gestutzten Flügeln und einer echten städtischen Gebührenmarke, der an der Brücke über die Mient den Fischabfall 'aufräumte'.

Alkmaars wichtigster Wochenmarkt ist immer noch der Käsemarkt. Der erste fand 1593 statt, zwanzig Jahre nach dem Sieg über die Spanier. Jährlich besuchen etwa 100.000 Menschen aus aller Herren Länder diese Veranstaltung auf dem Platz unter dem zahllose Male fotografierten Waaggebäude, (das in diesem Zustand und dieser Form aus dem Jahr 1584 stammt).

Hier mussten die Bauern früher ihre Butter und ihren Käse wiegen lassen, um festzustellen, wie viele Pfunde sie zum Markt brachten. Das Wiegen wurde auf riesigen Waagen vorgenommen, unter dem wachenden Auge des Waagemeisters. Im Jahr 1679 wurde ein Rekord aufgestellt: an einem Tag wurden ganze 500.000 Pfund Käse gewogen.

Der heutige Waagplein, der früher Kaasmarkt hieß, musste schon ab 1600 immer wieder für den ständig wachsenden Handel vergrößert werden. Dafür mussten regelmäßig Häuser abgerissen werden, bis der heutige Käsemarkt und Hauptplatz entstand. Die Grachten (Voordam, Luttik Oudorp) entlang des Platzes dienen jetzt vor allem Rundfahrten und Vergnügungstouren, aber früher wurde der Käse über diese Wasserwege angeliefert.

Heute machen das hauptsächlich Lieferwagen, obwohl vor einigen Jahren auch die Boote wieder eingeführt wurden. An jedem Freitag in der Saison - also vom ersten Freitag in April bis zum ersten Freitag im September - um 7 Uhr morgens. Um 10 Uhr kommen die Käseprüfer. Sie nehmen mit einem hohlen Bohrer Proben von verschiedenen Käsen, fühlen und riechen daran und probieren den Käse, um die Qualität festzustellen. Mit einem Handschlag wird der Preis festgelegt und wenn der Kauf besiegelt ist, bringen die Käseträger die Partie Käse mit ihren Tragbahren zur Waage, damit sie gewogen wird.

## Lagerhäuser

Die Mitglieder der Käseträgergilde sind in den roten, grünen, gelben und blauen Lagerhäusern (ndl. Veem, ursprünglich: Gebäude für die vorübergehende Lagerung) untergebracht. Zu welchem Lagerhaus ein Käseträger gehört, kann man an der Farbe von der Tragbahre und seinem Strohhut und dem Spazierstock mit silbernem Handgriff erkennen. Auch der Leiter oder 'Vater' lässt sich gut an seinem orangenen Hut erkennen und er wird von allen Trägern 'Paps' genannt. Die Träger selber haben Spitznamen. So gibt es zum Beispiel den 'Beul' (Henker), der aufpasst, welcher Träger zu spät kommt und deshalb eine Strafe bekommt.

Um 12.30 Uhr wird der Käsemarkt geöffnet. Die Touristen strömen in die Stadt. Viele besuchen erst das Kaasmuseum, das sich im ersten und zweiten Stock des Waaggebäudes befindet. Wie der Markt, ist auch das Museum gut für Menschen mit einer körperlichen Behinderung zugänglich. Nord-Holland ist eine ausgesprochene Käseprovinz und das schon seit vielen Jahrhunderten. Genau das wird in diesem Museum in allen Facetten mit authentischem Material und Bildern gezeigt.

An der anderen Seite der Gasse, an der Ecke Houttil, liegt das Café Jong Belegen; Eigentum der Käsefabrik, die den berühmten Beemsterkäse herstellt. Der kann natürlich in diesem Café bei einem guten Gläschen probiert werden.

# Industriestadt

Während Haarlem Zeuge für die Wohlstands-Kultur des Goldenen Zeitalters ist, ist im Zaangebiet die industrielle Geschichte Nordhollands in Kleinformat zu finden. Im Zaan, dem ältesten Industriegebiet Westeuropas, waren einst etwa 600 Windmühlen gleichzeitig aktiv. Das war eine direkte Folge des Handels im Goldenen Zeitalter der Niederlande. Dank der kreativen Zaaner Unternehmer rollten zahlreiche Produkte aus den Industriemühlen.

In diesen Mühlen wurde Holz gesägt und Segel und Seile gemacht. In der Nähe wurden Schiffe gebaut und die Region entwickelte sich zu einem Zentrum des Schiffsbaus im Europa des 17. Jahrhunderts. Sogar Peter der Große kam hierher, um das Handwerk zu erlernen (hier sehen Sie, wo er sich damals aufhielt: www.zaansmuseum.nl).

Auch die Güter, die diese Schiffe von ihren Reisen zurückbrachten - Senf, Kakao, Holz, Farbe und Papier  - wurden hier verarbeitet. Das war das Fundament der beschleunigten Industrialisierung am Fluss Zaan im 19. Jahrhundert.

Als der Schiffbau seinen Spitzenplatz an die Nahrungsmittelindustrie abgeben musste, wurde Zaandam auch die 'Vorratskammer der Niederlande' genannt. Das gut gepflegte Museumdorf Zaanse Schans (www.dezaanseschans.nl) bietet einen Blick in das industrielle Holland des 18. und 19. Jahrhunderts und liegt nur eine halbe Stunde von Amsterdam entfernt.

# Amsterdam damals und heute

Stattliche Häuser aus dem 17. Jahrhundert stehen einträchtig neben kunstvoller moderner Architektur, in einer kompakten Hauptstadt, in der es mehr Fahrräder als Menschen gibt, mehr Nationalitäten als in New York, mehr Kanäle als in Venedig und mehr Museen auf Weltniveau als in irgendeiner anderen Stadt der Welt. Willkommen in Amsterdam!

*Credits: Cris Toala Olivares*

# Auf Handel und Toleranz gegründete Stadt

*'This backwater town [...] remains the world's laboratory of liberalism' – London's Financial Times, October 2013*

**Wo auch immer Sie sich in Amsterdam gerade befinden: Schauen Sie sich um, schließen Sie die Augen und stellen Sie sich vor, wie es hier vor tausend Jahren aussah.**

Was hätte hier an Stelle des sorgfältig verlegten Kopfsteinpflasters und der Brücken - echte Postkartenmotive - gestanden? Wahrscheinlich nicht viel mehr als eine morastige Einöde. Nur eines von Amsterdams zahlreichen bekannten Symbolen wäre noch zu erkennen: die Amstel.

Hier passierte nichts, was der Erwähnung wert wäre, bis um das 12. Jahrhundert tapfere Männer aus dem Norden in ausgehöhlten Baumstämmen über den Fluss hierherkamen. Da der Boden für den Landbau zu sumpfig war, wurde ein Netz von Deichen und Gräben angelegt. Die allerersten Anlagen befanden sich wahrscheinlich ziemlich genau an der Stelle des heutigen Dammplatzes.

Diese ersten Siedler, die so genannten 'Aemstelledammers', begannen, von den vorbeifahrenden Bier- und Heringshändlern Zoll zu erheben und wurden selbst zu geschickten Bootsbauern. Nach und nach entwickelte sich die Siedlung zu einer Handelsstadt, die 1275 von Graf Floris von Holland besondere Zollprivilegien erhielt und im Jahr 1300 auch die Stadtrechte bekam. In dieser Zeit wurde die erste Kirche, eine Vorgängerin der Oude Kerk am Oudekerksplein, dem Heiligen Nikolaus, dem Bischof von Myra geweiht, besser bekannt als Sankt Nikolaus (der mit dem Nikolaustag).

Amsterdam wurde wie keine andere Stadt auf Handel gegründet. Außerdem herrscht hier im Interesse des Handels ein gewisses Maß an Religionsfreiheit. Das ist der Nährboden für die pragmatische Toleranz, für die Amsterdam auch heute noch bekannt ist. Hier werden Unterschiede toleriert, während man in anderen Städten Abweichungen von der Norm nicht zulässt: Amsterdam zieht seinen Vorteil aus der Verschiedenheit. Sie wurde zur Triebfeder eines Wirtschaftswunders, das lange Zeit für ganz Europa als Vorbild diente.

Painting: Cornelis Springer

# Der Grachtengürtel - ein Meisterwerk des menschlichen Genius

**Der Wohlstand der Niederlande im Goldenen Zeitalter und im 18. Jahrhundert kommt nirgendwo sonst so gut zum Ausdruck wie im Amsterdamer Grachtengürtel. Das charakteristische Innenstadtgebiet um Singel, Herengracht, Keizersgracht und Prinsengracht ist 'ein Meisterwerk des menschlichen Genius ', und wurde daher auch zu Recht zum Weltkulturerbe ernannt.**

Bis zum Ende des 16. Jahrhunderts ist das Gebiet der Stadt Amsterdam auf den Bereich zwischen der Singel und dem heutigen Kloveniersburgwal beschränkt. Seit Beginn des siebzehnten Jahrhunderts breitet die Stadt sich jedoch explosiv aus. Es werden Wasserstraßen gegraben: die Heren-, Keizers- und Prinsengracht. Reiche Finanziers aus der Handelswelt investieren in den Bau von Gebäuden an den Grachten.

So bildet sich im Laufe von vielen Jahren der Grachtengürtel heraus, ein einzigartiges System von Straßen, Kais, Brücken und Wohnhäusern auf relativ gleichartigen Parzellen gleicher Länge und Breite mit geschlossenen Innengärten. Viele Gebäude sind noch erhalten und zeugen vom Wohlstand im Goldenen Jahrhundert, auch wenn wir der Ehrlichkeit halber einräumen müssen, dass die meisten Gebäude aus dem 18. Jahrhundert stammen.

## Stile

Da die Gebäude im Laufe der Zeit mehrere Male renoviert wurden, findet man hier verschiedene Architekturstile und Fassaden. Trotz einiger Durchbrüche aus dem 20. Jahrhundert und in einigen Fällen unschöner oder klotzig wirkender Neubauten ist der malerische Grachtengürtel eine der wichtigsten touristischen Attraktionen der Niederlande. Auch wenn nicht jeder sagen kann, dass er hier wohnt, kann man immer noch zahlreiche Grachtenhäuser besichtigen.

Besonders schön lassen sich der Grachtengürtel und die Umgebung im Rahmen einer Rundfahrt entdecken. Es gibt verschiedene Abfahrtsstellen in der Stadt und die Rundfahrten werden in verschiedenen Sprachen und Varianten angeboten. So können Sie zum Beispiel eine kurze Tour von 60 Minuten machen oder einen ganzen Tag lang mit dem Boot herumfahren und an verschiedenen Stellen ein- und aussteigen, um die Stadt auch zu Fuß zu entdecken. Für Romantiker gibt es die 'Candlelight-Tour', komplett mit Dinner bei Kerzenlicht mit einem herrlichen Gläschen Wein.

## Grachtenhuis

Möchten Sie es lieber warm und trocken? Das ist natürlich auch möglich. Planen Sie einen Besuch des Museums Grachtenhuis an der Herengracht 386 ein, in einem Gebäude, das von 1663-1665 erbaut wurde. Im Rahmen einer interaktiven und multimedialen Ausstellung erzählt das Museum die Entstehungsgeschichte des Grachtengürtels. Die Ausstellung enthält unter anderem Modelle, Animationen, 3D- und Wandprojektionen und ein Puppenhaus, dessen Zimmer zum Leben erweckt wurden. Die Website des Museums bietet Zugang zum Digitaal Grachtenhuis, einer Online-Datenbank der monumentalen Gebäude am Amsterdamer Grachtengürtel.

Die Stadt Amsterdam richtet jedes Jahr beliebte Veranstaltungen aus. Am Königstag (früher Königinnentag) im April verwandelt sich der Grachtengürtel in ein großes oranges Festivalgelände, während sich die Grachten bei der Canal Parade von Gay Pride im Sommer rosa färben. Im August findet jährlich das Grachtenfestival statt, mit dem unvergesslichen Prinsengracht-Konzert als krönendem Abschluss.

*An die Amsterdamer Grachten*
*hab ich mein Herz für immer verloren*
*Amsterdam füllt meine Gedanken*
*als die schönste Stadt unseres Lands*
*All die Amsterdamer Menschen*
*All die Lichter spät abends auf dem Platz*
*Ach man könnte sich nichts Schöneres wünschen*
*als ein Amsterdamer zu sein*

Der Komponist Pieter Goemans ging 1949 auf die Brücke, bei der die Prinsengracht und die Leidsegracht einander kreuzen. Da komponierte er das in den Niederlanden sehr bekannte Lied 'Aan de Amsterdamse grachten'. Hier eine der beliebtesten Versionen von dem Kabarettisten Wim Sonneveld.

# Der erste Multinational der Welt

**Der erste Multinational der Welt ist die Vereenigde Oostindische Compagnie (Niederländische Ostindien-Kompanie), das Symbol des niederländischen Handelsgeistes schlechthin. Wenn die Blüte des Goldenen Zeitalters in den Niederlanden in höchstens drei Buchstaben ausgedrückt werden soll, sind das VOC.**

Die Republik der Sieben Vereinigten Niederlande oder Vereinigten Provinzen - mit einer Fläche von etwa der Größe der heutigen Niederlande - macht seit ihrer Entstehung im Jahr 1588 eine bis dahin unbekannte Entwicklung in den Bereichen Wissenschaft und Kunst, aber auch in Handel und Schifffahrt durch.

Der Ostsee- und Mittelmeer-Handel läuft auf Hochtouren, unter anderem dank der Einführung eines neuen Segelschifftyps. Diese Schiffe sind ideal für die Einfuhr von Massengütern wie Getreide, können jedoch mit einer viel kleineren Besatzung gefahren werden. Sie sind also viel billiger.

## Bündelung

Die Händler aus der Republik breiten ihre Flügel nach Osten aus. Um für den Kampf gegen ihre portugiesischen Konkurrenten gewappnet zu sein, beschließen die Holländer, ihre Kräfte zu bündeln. So entsteht im Jahr 1602 die Verenigde Oost-Indische Compagnie (nach heutiger niederl. Schreibweise) und nach Meinung vieler läutet das auch den Beginn des Goldenen Zeitalters ein.

Die VOC ist die erste Aktiengesellschaft mit frei handelbaren Aktien. Dieses private Handelsunternehmen hat ein Monopol auf den Überseehandel zwischen der Republik und dem Gebiet östlich des Kaps der Guten Hoffnung und westlich der Magellanstraße. Durch die Einrichtung von verschiedenen Handelsposten in mehreren Ländern in der Region Asien wird die Compagnie faktisch zum ersten Multinational der Welt.

Und zwar ein Multinational mit einer eigenen Armee und Kriegsschiffen, um seine Position zu sichern, zu erweitern bzw. um die lokale Bevölkerung zum Handel mit den Holländern zu zwingen. Natürlich müssen die Portugiesen mit harter Hand aus den Kolonien vertrieben werden. Dafür wird viel Geld investiert. Das spielt keine Rolle. Die Gewinne aus dem Handel mit unter anderem Birma, China, Japan, Java und den Molukken sind riesig.

## Schmuggel

Auf dem Höhepunkt ihrer Macht hat die VOC in Asien 25.000 Angestellte im Dienst. Das Unternehmen regelt die Verwaltung und Rechtsprechung in den betreffenden Ländern. In den Niederlanden hat die Compagnie 3000 Mitarbeiter. Viele beteiligen sich intensiv am Schmuggel, um ihren kümmerlichen Lohn aufzubessern.

Der Vierte Englisch-Niederländische Krieg (1780-1784) führt zu großen Verlusten auf Seiten der VOC. Der Feind erobert mehrere Handelsposten und kapert voll beladene Handelsschiffe. Die Verluste betragen nach Schätzungen 60 Millionen Gulden.

Am Anfang der Batavischen Republik (1795-1801), einer Koalition mit der französischen Republik, wird das Unternehmen verstaatlicht. Der Staat übernimmt mit dem Kolonialbesitz der VOC auch ihre Schulden in Höhe von 120 Millionen Gulden. Der 31. Dezember 1799 ist offiziell das Ende der VOC.

## Schifffahrtsmuseum

Het Scheepvaartmuseum bevat een serie van kleine tentoonstellingen die verschillende elementen van het leven op zee verkent. Buiten bevindt zich een exacte replica van een bekend VOC-schip, de Amsterdam. www.hetscheepvaartmuseum.nl.

*Credits: Janus van den Eijnden*

## Königliches Schloss

Das Königliche Schloss auf dem Damm ist eines der drei Schlösser, die von der Königlichen Familie immer noch genutzt werden. Wenn nicht gerade ein Staatsbesuch, ein Festakt oder eine andere offizielle Veranstaltung stattfindet, ist das Schloss zur Besichtigung freigegeben. Besucher können die eindrucksvolle Einrichtung erleben und etwas über die Geschichte des Gebäudes erfahren. www.paleisamsterdam.nl

## Rembrandthuis

Das Rembrandthaus enthält eine beeindruckende Sammlung von Zeichnungen und Gemälden des alten Meisters und seiner Schüler. In diesem Haus, in dem Rembrandt 20 Jahre lang wohnte, sind auch 290 Radierungen untergebracht, eine fast komplette Sammlung, von denen eine wechselnde Auswahl ständig gezeigt wird. www.rembrandthuis.nl.

## Rijksmuseum

Das Rijksmuseum lädt zu einer schwindelerregenden Reise durch die niederländische Kunst und die Kunstgeschichte vom Mittelalter über die Renaissance bis zum 20. Jahrhundert ein. Ein unvergessliches Erlebnis. www.rijksmuseum.nl.

Credits: John Lewis Marshall

## Anne Frank Haus

Das Anne Frank Haus liegt an der Prinsengracht 263. Hier versteckte sich Anne Frank zusammen mit ihrer Familie im Zweiten Weltkrieg über zwei Jahre lang. Es wurde zu einem Museum umgebaut und enthält eine ernüchternde Ausstellung über die Judenverfolgung und Verfolgungen ganz allgemein. www.annefrank.org

## Stedelijk Museum

Die Moderne Kunst-Sammlung des Stedelijk Museum wird in dem wunderschön renovierten historischen Gebäude in einer Dauerausstellung gezeigt, mit einem festen Platz für Höhepunkte wie 'The Beanery' von Edward Kienholz und Arbeiten von Willem de Kooning und Andy Warhol. Die Hälfte des Erdgeschosses ist für die schönsten Stücke aus der Design-Sammlung reserviert. www.stedelijk.nl.

Credits: John Lewis Marshall

# Auf zwei dünnen Reifen

**Das Fahrrad ist das Standardtransportmittel in Amsterdam. Mitglieder des Königshauses, Börsenhändler und Metzger bewegen sich alle auf zwei dünnen Reifen durchs Leben.**

Als Transportmittel für alle sozialen Klassen ist das Fahrrad der Faktor, der die sozialen Schichten in Amsterdam nivelliert. Über 50 Prozent des Innenstadtverkehrs wird auf einem meist ziemlich heruntergekommenen Zweirad zurückgelegt. Das typische Straßenbild enthält zahlreiche Radfahrer auf dem Weg nach Hause, zur Arbeit oder zum Supermarkt und Transporträder voller Kinder. Manch einer hat eine gefüllte Einkaufstasche am Lenker und auch sperrige Möbelstücke, die auf dem Gepäckträger balanciert werden, sind keine Seltenheit.

Man sagt, dass es in Amsterdam sogar mehr Fahrräder gibt als Menschen. Ein Außenseiter könnte schon denken, dass Radfahren in die niederländische DNA mutiert ist. Aber in Wirklichkeit ist es eine schwer erkämpfte Kombination aus städtischer Planung und praktischer Bequemlichkeit. In einer so kompakten und dicht besiedelten Stadt kommt man einfach mit dem Fahrrad überall hin und oft ist es sogar auch das schnellste Transportmittel.

Heute hat Amsterdam über 400 km Radwege. Es ist sogar wieder möglich, unter dem Rijksmuseum hindurch zu fahren. Aus einer Untersuchung der Portland State University von 2011 über die Zufriedenheit von Pendlern geht hervor, dass Radfahrer viel glücklicher sind als Leute, die mit einem Auto oder den öffentlichen Verkehrsmitteln reisen. Das erklärt, warum Amsterdamer immer ein Lächeln im Gesicht haben.

Credits: Edwin van Eis

# Immer munteres Kulturleben

**An Kultur und Entertainment fehlt es in Amsterdam nicht: So werden in der Stadt jährlich über 300 Festivals veranstaltet.**

Vom Jordaan-Festival – auf dem die Musik- und Kneipenkultur einer der beliebtesten Amsterdamer Viertel besungen wird – zu unübersehbaren Großveranstaltungen wie dem Königstag und der legendären Amsterdam Gay Pride, zu der als einziger Gay Pride der Welt eine Bootsparade durch die Grachten gehört.

Und ganz gleich, ob Sie einen Last Minute-Wochenendtrip genießen oder auf dem Weg zur Reise Ihres Lebens sind: in Amsterdam fällt es Ihnen bestimmt nicht schwer, ihre kulturelle Agenda zu füllen. Es gibt Weltklasse-Museen, internationale Theatervorstellungen, Livemusik und Freiluftspektakel an jeder Ecke. Hier eine kleine Kostprobe von dem, was Amsterdam zu bieten hat. Für weitere Details sollten Sie einmal in die neueste Ausgabe von A-Mag schauen, dem Amsterdamer Stadtmagazin.

*Credits: Edwin van Eis*

# Die Sommer der Elite

**Als die Niederlande in Goldenen Zeitalter aufblühten, suchten Kaufleute nach neuen Wegen, ihren Reichtum zu nutzen und ihre Freizeit zu verbringen.**

Im Sommer verließ die Elite ihre Häuser an den stinkenden Grachten und zog sich in extravagante Schlösser und Landgüter an der Amstel und der Vecht zurück. Viele davon können von der Hauptstadt aus mit dem Fahrrad oder Boot besucht werden.

Während diese historischen Landgüter am Fluss der Erholung dienten, bildeten die befestigten Dörfer wie Muiden, Naarden und Weesp die erste Verteidigungslinie der Stadt. Heute gewährt diese 'Stellung von Amsterdam,' ein 135 Kilometer langer Ring von Burgen, einen faszinierenden und lebendigen Blick in frühere Zeiten und die jüngere Militärgeschichte. Im Festungsmuseum in Naarden wird die Geschichte dieser befestigten Dörfer wieder lebendig. www.vestingmuseum.nl.

Foto: Geert Snoeijer

## Haarlem

Wenn Sie eher nach einem Stadtausflug suchen, bietet sich das elegante Haarlem an, das an den Wohlstand des Goldenen Zeitalters in Nord-Holland erinnert. Die ursprünglich aus dem zehnten Jahrhundert stammende Zollstelle entwickelte sich schon bald zum zweitwichtigsten Binnenhafen des Landes, nach dem der Hauptstadt Amsterdam, und trotz der turbulenten Zeiten nach der spanischen Invasion im Jahr 1572 wuchs Haarlem als Zentrum der Kunst und Kultur über sich selbst hinaus.

Nach der 15 Minuten langen Bahnreise (ab Amsterdam) beginnt die Geschichtsstunde, sobald Sie den Zug verlassen: Der Bahnhof von Haarlem ist der einzige Jugendstilbahnhof in den Niederlanden. Er stammt von 1906 und beeindruckt mit gekachelten Wänden, dekorativen Eisenverzierungen und einem zauberhaften Signalhaus aus Holz.

Eine passende Einführung in eine Stadt, deren reiche Geschichte überall zu spüren ist. Sie hat 4000 städtische und national bekannte Denkmäler, von denen sich viele dicht beieinander im gut erhaltenen Zentrum befinden.

# Hansje

**Wo sind die Hansjes, wenn man sie braucht? Wir könnten so einen Kerl gut gebrauchen, dann müssten wir nicht so viel Geld ausgeben, denn nach der Hans Brinker Sage reicht ein kleiner Finger, um das Wasser zurückzuhalten.**

Die amerikanische Kinderbuchautorin Mary Mapes Dodge (1831-1905) hat unbewusst zu dem berechtigten Heldenstatus der Delta-Arbeiter beigetragen. In ihrem Band *Hans Brinker or The silver skates, a story of life in Holland* (um 1865) werden die Abenteuer einiger niederländischer Kinder beschrieben.

*Im Mittelpunkt steht die Geschichte, in der Hans Brinker, ein armer zehnjähriger Junge, und seine jüngere Schwester Gretel, versuchen, einen Schlittschuhwettbewerb zu gewinnen. Daneben gibt es eine Geschichte über einen anonymen achtjährigen Jungen, dessen Vater Schleusenwärter auf dem Haarlemmermeer ist (bei Haarlem). Eines Tages entdeckt er, dass der Deich leckt und jeden Moment brechen kann. Der kleine Junge denkt nicht lange nach und steckt seinen Finger in das Loch. Und hält damit das Wasser auf.*

Leser verwechseln die beiden Knaben oft. So wird Hans Brinker zum 'Fingerjungen '. Das ist historisch nicht korrekt, aber das kümmert in den Niederlanden niemanden. Hansje ist Kommerz, denn er ist eine Touristenattraktion. Immerhin bekommt er nicht nur ein, sondern gleich zwei Standbilder: in Spaarndam und Harlingen.

*Credits: René & Peter van der Krogt, standbeelden.vanderkrogt.net*

Beautiful Holland

# Die Lebendigkeit und Bewegung von Frans Hals

**Frans Hals ist der berühmteste Haarlemer Maler des Goldenen Zeitalters. Dieser Meister in der Darstellung von Lebendigkeit und Bewegung hat 'natürlich' ein eigenes Museum, das sich im In- und Ausland eines großen Interesses erfreut.**

Das im Jahr 1913 eröffnete Frans Hals Museum am Groot Heiligland ist nicht nur im Besitz der weltgrößten Sammlung von Gemälden von Frans Hals (um 1582-1666), sondern auch einer riesigen Sammlung von Werken anderer Haarlemer Meister aus dem 16. und 17. Jahrhundert. Ein Teil davon wird fest ausgestellt. Der Rest wird ausgeliehen, restauriert oder ist in Depots gelagert.

Die frühesten Werke stammen aus dem Anfang des 16. Jahrhunderts. Neben Gemälden mit biblischen Motiven, die für Altäre von Klöstern, Kirchen und Kapellen angefertigt wurden, sind es auch mythologische Darstellungen. Die Maler aus diesem Jahrhundert - wie Jan van Scorel, Maerten van Heemskerck, Hendrick Goltzius und Cornelis van Haarlem - waren die Wegbereiter für die weltberühmte Malkunst des holländischen Goldenen Jahrhunderts.

## Mächtig

Haarlem war im 17. Jahrhundert eine mächtige und wohlhabende Stadt und ein Kunst- und Kulturzentrum. Die Maler aus dem Goldenen Jahrhundert spezialisierten sich auf alltägliche Themen: Portraits, Stillleben, Stadtansichten. Frans Hals hatte sich auf (Gruppen-) Portraits spezialisiert. Seine fünf berühmten Schützen-Darstellungen sind im Museum zu bewundern.

Hals war ein virtuoser Portraitmaler, der viele angesehene Mitbürger, aber auch den Dorftrottel, Kinder beim Flötenspiel und Fischerjungs verewigte. Er war ein Meister in der Darstellung von Lebendigkeit und Bewegung. Er malte Menschen beim Sprechen und hatte sogar den Mut, sie auf formellen Portraits mit einem Lachen abzubilden, was in dieser Zeit ganz außergewöhnlich war. Daneben ist er auch berühmt für seinen großartigen Umgang mit Farben und seine virtuose Pinselführung.

# Zuid Holland

VIGILATE DEO CONFIDENTES

provincie ZUID HOLLAND

# Vom durstlöschenden Getränk zum nachhaltigen Energielieferanten

**Wasser ist ausgesprochen vielseitig. Es ist einer der wichtigsten Bestandteile von tierischen und pflanzlichen Organismen. Der Mensch besteht sogar zu 70 % aus Wasser. Es löscht unseren Durst. Und Wasserkraft kann in Energie umgewandelt werden.**

Wir würden in diesem Buch gern alle Aspekte der Grund- und Oberflächenwasserverwaltung in den Niederlanden, oder auch des Wassermanagements, behandeln. Aber dann würde der Platz nicht mehr für all die anderen Dinge reichen, die dieses Land so außergewöhnlich machen.

Aber Wasser darf natürlich nicht in seiner Eigenschaft als Lieferant nachhaltiger Energie fehlen. Alleine mit dem Wasser des Rheins, der in den Niederlanden ins Meer mündet, könnte Experten zufolge genügend Strom für 80 % der niederländischen Haushalte erzeugt werden. Es gibt zahlreiche bestehende und geplante Projekte, um mit Hilfe von Wasser den Strombedarf der Niederländer zu decken.

Eines der aussichtsreichsten Nachhaltigkeitskonzepte ist Blue Energy, bei dem durch kontrollierte Mischung von Süß- und Salzwasser Strom erzeugt wird. Die Universität Twente hat die Technologie für eine blaue Stromzentrale auf dem Abschlussdeich entwickelt. Das Experiment läuft bis Februar 2014 und kann genügend Strom für 500.000 Haushalte erzeugen.

## Trinkwasser

Viele behaupten, dass die Niederländer das wohlschmeckendste Trinkwasser der Welt haben. Unabhängig vom Wahrheitsgehalt dieser Behauptung verdanken die Niederlande diese Ehre zum Teil den Dünen.

Dünen gehören zu den Niederlanden, wie Tulpen, Windmühlen und Deiche. Eigentlich ist das nicht ganz gerecht, denn die anderen Kennzeichen sind zahlreich und viel jünger als die Dünen. Ein Teil der Dünen ist vor Jahrtausenden durch Verwehungen des Sandes zu Hügeln entstanden. Diese alten Dünen, die heute einige Kilometer landeinwärts von der Küstenlinie liegen, sind die Grundlage vieler Dörfer und Städte, darunter Wassenaar, Den Haag, Alkmaar, Beverwijk und Haarlem.

Die ersten jungen Dünen entstanden vor etwa tausend Jahren, als sich durch Sandverwehungen ein neuer Hochrücken mit Hügeln entwickelte. Das ist heute die westlichste Begrenzung des Dünengebiets an der Küste. Die jungen Dünen sind auch viel höher als die alten und an manchen Stellen mehrere Dutzend Meter hoch. Die höchsten Dünen erreichen Höhen von über 50 Metern und zählen deshalb zu den höchsten Erhebungen der Niederlande.

## Cholera

Bis weit ins neunzehnte Jahrhundert hinein wurde in den Niederlanden ungeklärtes, also verunreinigtes Wasser aus Gräben, Flüssen, Gullys und anderen Quellen getrunken. Das war die Ursache zahlreicher Cholera- und Typhusepidemien, an denen Tausende von Menschen starben.

Mit dem Bevölkerungswachstum zu Beginn des 20. Jahrhunderts stieg auch die Nachfrage nach Trinkwasser. Die Niederschlagsmenge war zu gering, um den Süßwasservorrat auf Niveau zu halten. Auf Dauer hätte das zur Versalzung des Dünenwassers geführt. Um dennoch die Nachfrage nach Trinkwasser befriedigen zu können, wurde seit 1940 Flusswasser oder Polderwasser an die Dünen herangeführt.

# 28 Kilometer Grachten und Singels

**Innerhalb der Tore von Leiden fließt, nach Amsterdam, das meiste Wasser. Die historische Innenstadt Leidens hat insgesamt 28 Kilometer an Grachten und Singels.**

Zur Überquerung all dieser Grachten und Singels braucht man Brücken. Leidens Innenstadt hat mindestens 88 Stück. Leiden lässt sich wunderbar vom Wasser aus besichtigen. Ein großes Angebot an Rundfahrten und Arrangements bieten Leidens Redereien. Ein Boot zu mieten ist eine gute Alternative. Aus der Wasserperspektive sieht die historische Stadt ganz anders aus.

Leidens Grachten verlaufen entlang von Museen, Leidens Höfen und vielen historischen Gebäuden mit prächtigen Fassaden. An vielen Orten in der Nähe der Grachten gibt es Ess- und Trinkgelegenheiten. Oft befinden sich deren Terrassen direkt am Wasser.

Leiden ist auch ein toller Ausgangspunkt für schöne Tagesausflüge in die Umgebung. Das Dorf De Kaag und der See Braassemermeer sind ganz in der Nähe, genauso wie Katwijk, Delft und sogar Rotterdam.

# Tulpenmanie

**Die Niederlande exportieren jährlich Pflanzen und Blumen im Wert von 4 Milliarden Euro - eine schöner als die andere. Dennoch bleibt die Tulpe immer noch das Nationalsymbol der Niederlande. Das ist unter anderem auf eine fast 400 Jahre alte 'Schrulle' zurückzuführen, die international als Tulpenmanie bekannt ist.**

In der zweiten Hälfte des 16. Jahrhunderts sieht ein flämischer Diplomat in der Türkei wilde Tulipas blühen. Er ist ganz verrückt nach ihnen und schickt 1593 eine Partie an seinen Freund und Landsmann Carolus Clusius, Direktor des botanischen Gartens in Leiden. Der Legende zufolge werden einige dieser Tulpenzwiebeln gestohlen: damit ist der Keim für die Tulpenmanie gelegt.

Kurz nach 1600 zahlen französische Hofdamen Hunderte von Gulden für eine Tulpe, mit der sie auf einem Galaball ihr Dekolletee schmücken. Im Jahr 1623 kostet eine einzige Zwiebel schon 1000 Gulden, während ein durchschnittliches Jahreseinkommen etwa 150 Gulden beträgt. Zu dieser Zeit ist der Tulpenhandel nur noch die Domäne professioneller Züchter und reicher Hobbyisten.

## Spekulation

Ab 1634 mischen sich auch Außenstehende in den Handel und die Manie schlägt zu. Die Spekulationswelle wütet vor allem in Amsterdam, Haarlem, Alkmaar, Hoorn und Enkhuizen. Manche Menschen sind sogar bereit, für einen Sack Tulpenzwiebeln genau so viel zu zahlen wie für eine Reihe Amsterdamer Grachtenhäuser. Ein guter Händler konnte 6000 Gulden pro Monat verdienen.

Im Jahr 1635 kosten 40 Tulpenzwiebeln 100.000 Gulden. Ein Jahr später ist eine einzige Zwiebel 3000 Gulden wert. Zum Vergleich: In diesem Jahr, 1636, kann man für diesen Betrag zwei Wagenladungen Weizen, vier Wagenladungen Roggen, vier Ochsen, acht Schweine, zwölf Schafe, zwei Weinfässer, vier Bierfässer, zwei Tonnen Butter, 1000 Pfund Käse, ein Bett, einen silbernen Kelch und Kleidung bekommen, sowie ein Schiff, um den ganzen Kram zu transportieren.

Blumenzwiebelmanie und Spekulationsgeschäft erleben am 3. Februar 1637 ein abruptes Ende. Ein Verkäufer in Haarlem bleibt auf einer Partie sitzen. Zwei Tage später werden in Alkmaar bei einer Blumenzwiebelauktion insgesamt noch 90.000 Gulden umgesetzt. In der folgenden Woche fallen überall in Holland und Utrecht die Preise. Jetzt ist die Hölle los. Es stellt sich heraus, dass manche Händler Tulpen verkauft haben, die sie gar nicht besitzen, an Kunden, die sie nicht bezahlen können.

## Hypes

So hat das Goldene Zeitalter der Welt die erste Spekulationsblase gebracht. Die Tulpenmanie wird heutzutage in einem Atemzug mit allen möglichen Hypes genannt, wie die Landmanie in Florida, der Börsenkrach von 1929 und die Bankenkrise von 2008.

Die Beziehung zwischen den Niederlanden und der Tulpe hat jedoch nie unter dieser bemerkenswerten Geschichte gelitten. Im Gegenteil. Die Niederlande sind eines der wichtigsten Exportländer für Tulpen und Tulpenzwiebeln. Der Keukenhof in Lisse lockt jährlich im Frühling mit der traditionellen Ausstellung von Millionen von Tulpen Busladungen voller Touristen an.

Auch die farbenfrohen Tulpenfelder im Nordostpolder, in Süd- und Nord-Holland ziehen viele Besucher an. In Nord-Holland liegt auch das Dorf Limmen mit dem Hortus Bulborum. In diesem Garten stehen über 3500 verschiedene Sorten von Zwiebelgewächsen, darunter Tulpen.

# Alle Regenbogenfarben

**Der Keukenhof ist der internationale und unabhängige Showroom der niederländischen Zierpflanzenzucht, mit Schwerpunkt auf Zwiebelblumen. Der größte Blumengarten der Welt leuchtet von Mitte März bis Mitte Mai in allen Regenbogenfarben.**

1641 wurde Schloss Keukenhof erbaut. Das Landgut wuchs zu einer Größe von über 200 Hektar heran. Die Landschaftsarchitekten Jan David Zocher und sein Sohn Louis Paul Zocher, die später auch den Amsterdamer Vondelpark entwarfen, richteten 1857 den Schlossgarten neu ein. Dieser Park, im englischen Landschaftsstil, bildet auch heute noch die Grundlage des Keukenhofs.

Im Jahr 1949 fasste eine Gruppe einflussreicher Blumenzüchter und -exporteure den Plan, auf dem Landgut eine Ausstellung von im Frühjahr blühenden Blumenzwiebeln durchzuführen. So wurde der Frühlingspark Keukenhof geboren. 1950 wurde der Park zum ersten Mal eröffnet und war gleich ein Erfolg: 236.000 Besucher. Im Jahr 2015 findet die 66. Ausgabe mit dem Thema van Gogh statt.

## Lebendig

Im Keukenhof liegt der Schwerpunkt auf den sieben Millionen im Frühjahr blühenden Zwiebelblumen, wobei 100 Einsender ihren lebenden Katalog präsentieren. Für jeden Einsender macht der Gartengestalter einen Entwurf. Er berät sich mit den Einsendern zu den Farben, den Höhen und der Blütezeit. Im Herbst liefert der Einsender alle Blumenzwiebeln an den Keukenhof.

Der Park ist die Plattform des niederländischen Zierpflanzensektors. Die Einsender und die 500 Blumenzüchter, die an den 20 Blumenshows im Jahr teilnehmen, haben hier ein prächtiges Schaufenster für ihre Blumenzwiebeln, Schnittblumen und Pflanzen. Dadurch ist der Keukenhof ein wichtiger Begegnungsort für Geschäftskontakte. Es werden regelmäßig Fachkongresse für Züchter organisiert. Der Keukenhof pflegt gute Kontakte zu allen relevanten Organisationen aus dem Zierpflanzen- und dem Tourismus-Sektor.

Der Keukenhof ist von Amsterdam aus in einer Stunde mit den öffentlichen Verkehrsmitteln zu erreichen. www.keukenhof.nl.

Bei FloraHolland Aalsmeer (www.floraholland.com), der größten Blumenauktion der Welt, können Besucher mit eigenen Augen sehen, wie die Blumen versteigert werden. Die Versteigerungsuhr zählt hinunter und der Preis sinkt, bis ein Käufer gefunden wurde.

# Von Tuchindustrie zu Biowissenschaft

**Von der Tuchindustrie zur Biowissenschaft. In den letzten sechs Jahrhunderten hat sich in Leiden viel geändert. Die süd-holländische Universitätsstadt hat jedoch nichts von ihrer Anziehungskraft verloren.**

Am Ende des 15. Jahrhunderts ist Leiden die größte Stadt der Grafschaft Holland. Das ist größtenteils der internationalen Tuchindustrie zu verdanken. Im Jahr 1577 kommen zehntausende Süd-Niederländer wegen ihres kalvinistischen Glaubens nach Leiden.

Es sind erfahrene Textilarbeiter und Unternehmer, die der kränkelnden Wollindustrie der Stadt mit neuen Produkten, Techniken, Kapital und Arbeit einen neuen Impuls geben. Leiden war nach Amsterdam die größte Stadt der Republik. Auf ihrem Höhepunkt, um 1670, wohnen hier etwa 60.000 Menschen dicht beieinander.

Im 18. Jahrhundert geht es bergab. Das Arbeitsangebot sinkt und die Menschen ziehen weg. Durch die ständigen Kriege Napoleons wird die Situation noch schlechter. Und dann wird die Stadt auch noch von einer großen Katastrophe heimgesucht: Am 12. Januar 1807 explodiert ein Pulverschiff. Dutzende Häuser werden zerstört und mindestens 160 Menschen sterben.

Nach 1815 befindet sich die Stadt wieder im Aufwind. Neue Industrien, wie die Metallindustrie, die Grafik-Industrie und die Konservenindustrie entwickeln sich schnell. Die wunderschönen Geschäftshäuser sind auffällige Zeugen des Wohlstands der Stadt am Übergang vom 19. zum 20. Jahrhundert.

## Metamorphose

Leiden hat in den letzten 30 Jahren des vorigen Jahrhunderts eine große Verwandlung durchgemacht. Von einer verarmten Industriestadt, mit der Universität als einzigem Lichtpunkt, zu einem Zentrum für Hochtechnologieunternehmen. Der Leiden Bio Science Park ist das in den Niederlanden größte Cluster von Bildungs- und Forschungsinstituten und Unternehmen, die sich auf die Erforschung, Entwicklung und Produktion von Pharmazeutika spezialisiert haben.

Der Park, auf dem Gebiet der Gemeinden Leiden und Oegstgeest gelegen, ist tonangebend in Europa. Er ist die Krone der Arbeit vieler Unternehmen, der Universität Leiden, des Medizinischen Zentrums der Universität (Leids Universitair Medisch Centrum, LUMC) und beider Gemeinden. Die Arbeitslosenquote in Leiden ist niedrig und die Bevölkerung gehört zu den am höchsten qualifizierten Einwohnern der Niederlande.

Die sanierte historische Innenstadt bietet den Bewohnern heute einen ausgesprochen angenehmen Aufenthalt. Leiden erfreut sich großer Beliebtheit bei einer ständig wachsenden Zahl von Touristen und Tagesausflüglern, die Leiden mit seinen Denkmälern und Museen, alten Gassen, Grachten und Ringgräben entdeckt haben.

*Rijksmuseum, Amsterdam*

# Rembrandt stammt aus Leiden

**Rembrandt Harmenszoon van Rijn wurde 1606 im Weddesteeg in Leiden geboren.**

Sein Geburtshaus wurde Anfang des 20. Jahrhunderts abgerissen. Ein Fassadenstein in einem nahe gelegenen Gebäude im Weddesteeg erinnert daran.

Rembrandt, das neunte Kind des Müllers Harmen Gerritsz und der Bäckerstochter Neeltje van Zuytbrouck, besucht die Lateinschule in der Lokhorststraat. Das unter Denkmalschutz stehende Gebäude stammt von 1599-1600. Es wurde im modernen Renaissancestil mit hohem Stufengiebel mit einer Verbreiterung auf der rechten Seite errichtet. Das Eingangstor ist im toskanischen Stil gehalten.

Im Alter von fast vierzehn Jahren melden Rembrandts Eltern ihn an der Universität von Leiden an der Rapenburg an. Wahrscheinlich bleibt es dabei, weil Rembrandt lieber Maler werden möchte. Im Jahr 1625 zieht er nach Amsterdam.

*Rijksmuseum, Amsterdam*

# Die 35 *Hofjes* von Leiden

**Leiden hat mindestens 35 *Hofjes* (in Höfen gebaute Armenhäuser).**

Die Leidener *Hofjes* sind ein Beispiel für Sozialfürsorge im Mittelalter. Diese um einen gemeinsamen Innenhof nahe zusammenstehenden Häuschen wurden aus dem Nachlass von Privatpersonen finanziert und waren für die Unterbringung notdürftiger alter Menschen, Witwen und Mitglieder einer bestimmten Kirche gedacht.

In einem *Hofje* stehen immer mindestens zwölf Häuser - ein Hinweis auf die zwölf Apostel. Manchmal gibt es auch ein 13. und 14. Häuschen, für Jesus und Maria. Die Gründer geben ihrem *Hofje* den Namen eines Heiligen oder eines biblischen Ortes. So heißt das älteste noch bestehende *Hofje* von 1467 der Jerusalemhof. In späteren Jahren wurden die *Hofjes* nach ihren Gründern benannt.

Die 35 erhaltenen und oft gut versteckten *Hofjes* befinden sich fast alle im Zentrum der Stadt. Sie eignen sich ausgezeichnet dazu, sich für einen Moment aus dem hektischen Leben der Stadt zurückzuziehen.

# Beautiful Holland

# Die Oranier und die älteste Universität der Niederlande

**Die Universität von Leiden ist die älteste Universität der Niederlande. Die Stadt erhielt das Bildungsinstitut als Geschenk von Willem van Oranje (deutsch: Willem von Oranien-Nassau). Das Band mit den Oraniern war immer stark. Auch der jetzige König und die frühere Königin haben hier studiert.**

Leiden schließt sich 1572 dem niederländischen Aufstand gegen die spanische Herrschaft an. Die Spanier belagern die Stadt und die Einwohner werden von Krankheit und Hunger geplagt. Dennoch gibt man den Kampf nicht auf. Am 3. Oktober 1574 fliehen die spanischen Truppen vor dem Hochwasser, welches das Land durch die durchstochenen Deiche überschwemmt. Diese Befreiung, Leidens Ontzet, wird jährlich mit einem großen Volksfest gefeiert.

Leiden hat der spanischen Belagerung nicht nur diese große Feier zu verdanken, der Legende nach erhält die Stadt im Jahr 1575 von Willem von Oranien-Nassau für ihren mutigen Widerstand die Universität geschenkt. In den nächsten Jahrhunderten bringt die Universität von Leiden große Gelehrte wie Hugo de Groot, Herman Boerhaave und Johan Rudolph Thorbecke hervor.

Besonders anschaulich wird das Band mit den Oraniern im Academiegebouw, dem Herzen der Universität, an Leidens bekanntester Gracht Het Rapenburg. Hier kommen die Promotionskandidaten gegenüber dem Portrait von Willem van Oranje bei der Verteidigung ihrer Dissertation so richtig ins ins Schwitzen.

## Tafel

Professoren können im Talarzimmer, in dem die Talare für Zeremonien angezogen werden, ein Bildnis des Willem van Oranje bewundern. Ein gerade graduierter Professor, der nach der Vorlesung das große Auditorium verlässt, geht durch eine Tür, über der eine weiße Marmortafel von Königin Wilhelmina hängt. Auch ein Teil der Glanzstücke des akademischen historischen Museums im Akademiegebäude stammen von den Oraniern. Wie beispielsweise die Unterschrift des - damals noch - Prinzen Willem-Alexander (PWA) im zweetkamertje (Schwitzkämmerchen, Wartezimmer für Examenskandidaten).

Willem-Alexander tritt in die universitären Fußspuren seiner Mutter Beatrix, Tante Margriet und Oma Juliana. Im Jahr 1993 absolviert der Prinz seine Diplomprüfung in Geschichte. Sein Bruder Constantijn und sein Neffe Floris, der Sohn von Prinzessin Margriet, entscheiden sich auch für ein Studium an der Universität von Leiden. Und den drei Königinnen Wilhelmina, Juliana und Beatrix wird die Würde eines Ehrendoktors zuteil.

Königin Beatrix erhält 2005 ein Ehrendoktorat für ihr Engagement für das Recht auf freie Meinungsäußerung und die Verantwortung, die diese Freiheit mich sich mitbringt.

# Den Haag - Stadt von Frieden und Recht

**Den Haag ist die Stadt von Frieden und Recht. Von Stadt und Strand. Von neuen Stilen und alten Meistern. Von Geschäften und Palästen. Von exotischer Küche und holländischen Fischhäfen. Von internationaler Rechtsprechung und der Weisheit der Straße. Von Hagenaren und Hagenezen.**

Den Haag bietet Besuchern eine Kombination aus Strandvergnügen und einem modernen und reichen kulturellen Stadtleben in historischer Umgebung. Die Bürger Den Haags sind stolz auf ihre Stadt. Nicht nur, weil König Willem-Alexander hier seinen Amtssitz hat und Den Haag auch Regierungssitz ist, sondern auch, weil es eine schöne Stadt zum Leben und einen Besuch allemal wert ist.

Am Strand können Sie sich ab Frühlingsanfang die Sonne auf Ihre Haut brennen lassen. In der Innenstadt gibt es zahlreiche Straßencafés, in denen es sich bei einem guten Gläschen Wein gut verweilen lässt. Lassen Sie sich von dem Angebot in den zahlreichen Designgeschäften im Stadtteil Hofkwartier oder in den Flagshipstores rund um den Grote Markt überraschen.

Tagsüber können Sie in einem der Museen ausgiebig Kultur schnuppern und am Abend wird es Zeit für eine kulinarische Geschmacksexplosion mit einem Vier-Gänge-Menü in der Innenstadt. Ganz gleich, ob Sie lieber in einem asiatischen Restaurant speisen oder mit der ganzen Familie am Boulevard Pfannkuchen essen möchten, in Den Haag ist alles möglich.

Aber Den Haag ist auch ein Synonym für internationales Recht, Frieden und Diplomatie. Es ist sogar die zweite UNO-Stadt der Welt, denn hier hat der Internationale Gerichtshof seinen Sitz, das einzige Gerichtsorgan der Vereinten Nationen außerhalb von New York. Daher ist ein Besuch Den Haags überraschend vielseitig.

# Der Strand lockt immer

**Die Stadt Den Haag wartet mit 11 km Strand auf, der zu allen Jahreszeiten ein attraktives Ausflugsziel ist. Der Strand lädt immer ein.**

Zum Beispiel zu einem langen Strandspaziergang am ruhigen Strand und der stürmischen See, oder zu einer Radtour durch die angrenzenden Dünen. Der Strand ist auch ideal für verschiedene Strandsportarten, von Drachenfliegen und Bungeejumpen bis hin zum Surfen.

Aber man kann natürlich auch einfach Sandburgen bauen, auf einer Strandliege sonnenbaden, an einem Sommertag barfuß durchs Wasser waten oder, mit den Füßen im Sand, den Sonnenuntergang im Meer beobachten.

Am Boulevard von Scheveningen ist die Auswahl groß: Besuchen Sie eine Attraktion, setzen Sie sich mit einem guten Gläschen Wein auf eine Terrasse und essen Sie abends Fisch im Hafen. Beach Resort Kijkduin ist in vielerlei Hinsicht etwas bescheidener als Scheveningen, aber sicherlich nicht weniger schön. Am Deltaplein liegen zahlreiche Geschäfte und Restaurants und die Cafés am Boulevard bieten Aussicht auf die Nordsee.

Suchen Sie etwas Ruhe? In einigen Minuten sind Sie zu Fuß in den Dünen. Ideal für eine längere Wanderung oder Radtour. Der Zuiderstrand gehört zu den schönsten Ecken von Den Haag. Die Einheimischen nennen ihn auch den 'stillen Strand' und das vollkommen zu Recht. Dieser Geheimtipp ist eine stille Alternative zwischen Scheveningen und Kijkduin, direkt hinter den Dünen, für alle Freunde von Strand und Meer. Die meisten Besucher hier kommen auch aus Den Haag - außer wenigen Touristen, die diesen Ort auch manchmal finden.

*Credits: Martijn Brummer*

Beautiful Holland

Beautiful Holland

# Der Friedenspalast - das meistfotografierte Gebäude der Stadt

**Spüren Sie die Wärme der Friedensflamme in Ihrem Rücken und schauen Sie sich das meistfotografierte Gebäude in Den Haag an: den Friedenspalast.**

Hier ist der Sitz des Internationalen Gerichtshofs, des einzigen Gerichtsorgans der Vereinten Nationen außerhalb von New York, und des Ständigen Schiedsgerichtshofs. Aber hier befindet sich auch die angesehene Bibliothek des Friedenspalastes, die Haagse Akademie für Internationales Recht, an der jährlich hunderte von Jurastudenten aus der ganzen Welt Kurse belegen, und ein großzügig angelegtes Besucherzentrum.

Dank dieses wunderschönen Gebäudes und der Institutionen, die hier untergebracht sind, ist Den Haag weltweit als Stadt von Frieden und Recht bekannt.

Neben dem Eingang zum Friedenspalast steht die Ewige Flamme des Friedens. Diese erste Friedensflamme in den Niederlanden wurde am 18. April 2002 neben den Eingangstoren zum Friedenspalast aufgestellt. Auf dem Denkmal steht die Aufschrift: 'May all beings find peace'.

Das Denkmal ist seit 2004 vom 'Wereldvredespad' (Weltfriedenspfad) umgeben, bestehend aus einem Rand mit 196 Steinen und Steinchen aus ebenso vielen Ländern. Manche Steine sind besonders bemerkenswert: zum Beispiel ein Mauerstein aus der Berliner Mauer und ein Stein von der Robbeninsel, auf der Nelson Mandela jahrelang gefangen gehalten wurde.

Der Friedenspalast kann im Rahmen einer Führung besichtigt werden.

*Credits: Theo Bos*

# Das Herz der Demokratie

**Der Binnenhof (Innere Hof), der Ridderzaal (Rittersaal), das Torentje (Türmchen) des Ministerpräsidenten und der Hofvijfer (Hofweiher): hier schlägt das Herz der Demokratie.**

Der Rittersaal wurde im Mittelalter (13. Jahrhundert) gebaut. Ursprünglich als Festhalle für den Grafenhof, womit sein Status ausgedrückt wurde. Er ist Teil der ältesten Gebäude des Binnenhofs und damit auch von Den Haag. Er wurde im gotischen Stil erbaut, einem in der Stadt sonst kaum vorkommenden Stil.

Durch das berühmte Zugangstor betreten Sie das Herz unserer Demokratie. Im Laufe der Jahrhunderte war der Binnenhof der Mittelpunkt des politischen Lebens der Niederlande. An diesem Ort fanden die wichtigsten Ereignisse der vaterländischen Geschichte statt. Aber hier wird auch die Zukunft gestaltet.

Der Rittersaal ist heute eher bekannt als der Saal, in dem der König die Thronrede hält und Olympiasportler ihre königlichen Auszeichnungen erhalten.

Auch das Torentje gehört zum Binnenhof. Dieses achteckige Gebäude am Hofvijver wird zum ersten Mal in einer Chronik von 1354 erwähnt und stammt vermutlich aus der ersten Hälfte des 14. Jahrhunderts.

Der am Rand des Binnenhofes gelegene Turm war früher so etwas wie ein Sommersitz der Grafen von Holland und durch eine Zugbrücke mit dem gräflichen Garten verbunden. Seit 1982 ist in dem Turm der Amtssitz des Ministerpräsidenten untergebracht. Darum wird er auch oft nach dem jeweiligen Premier benannt.

*Credits: Jurjen Drenth*

# Zuhause bester niederländischer Malerei

**Das Mauritshuis ist das Zuhause der besten niederländischen Malerei aus dem Goldenen Jahrhundert.**

Meisterwerke wie Vermeers *Mädchen mit dem Perlenohrgehänge*, Die Anatomie des *Dr. Tulp von Rembrandt*, *Der Distelfink* von Fabritius und *Der junge Stier* von Potter werden in einer Dauerausstellung in den heimeligen Museumsräumen dieses Monuments des 17. Jahrhunderts am Plein im Zentrum von Den Haag gezeigt.

Über zweihundert Meisterstücke holländischer und flämischer Meister haben ihren Platz in dem klassischen Inneren, das durch die seidene Wandbespannung, funkelnden Kronleuchter und monumentalen Deckenmalereien eine angenehme Atmosphäre ausstrahlt. Interieurs von Jan Steen, Landschaften von Ruysdael, Stillleben von Coorte und Portraits von Rubens vermitteln ein reiches und vielseitiges Bild der Malerei des siebzehnten Jahrhunderts.

IIm Royal Dutch Shell-Flügel, der unterirdisch über das Foyer mit Brasserie und Museumshop verbunden ist, präsentiert das Mauritshuis ein wechselndes Ausstellungsprogramm. Dieser Art déco-Flügel bietet darüber hinaus Raum für pädagogische Aktivitäten, den Kunstwerkplaats, und verschiedene Räume für Versammlungen und zum Vermieten.

# Die Niederlande in klein

**Die Niederlande in klein, das ist Madurodam.**

Die Miniaturstadt in Den Haag vermittelt anhand von Modellen ein Bild der niederländischen Stadt und Gesellschaft. Es gibt Gebäude aus historischen Innenstädten, modernen Wohnvierteln, aber auch Häfen, Naturgebiete, Autos, Rundfahrtboote und Straßenbahnen.

Das Modell von Schiphol ist das umfangreichste und liegt im Zentrum von Madurodam. Zudem gibt es interaktive Teile, wie die Schließung des *Oosterscheldekering* (Oosterschelde-Sturmflutwehr) oder das Beladen von Containern im Rotterdamer Hafen.

Die Modelleisenbahn ist mit einer Länge von circa vier Kilometern die größte Modellbahn in den Niederlanden. Das Eisenbahnnetz umfasst vier Bahnhöfe und neun Brücken. Die Bahn ist in 33 Blöcke unterteilt. Darauf können zwölf Züge gleichzeitig fahren. Das rollende Material fährt pro Jahr 16.000 Kilometer und kommt regelmäßig zur Überholung in die Werkstatt, genau wie sein großes Vorbild.

Im Jahr 2014 wurde im Rahmen der Fußballweltmeisterschaft *'Zo Groot is Oranje'* ('So Groß ist Oranien') eröffnet. In dieser Fußballattraktion kann man die EM von 1988 aufs Neue erleben, das bisher einzige große Fußballturnier, das die niederländische Nationalmannschaft gewonnen hat. Vor der Erlebnishalle liegen zwei Straßenfußballfelder, auf denen Wettkämpfe ausgetragen werden können.

Credits: Maurice Haak

Beautiful Holland

# Raue Seemänner und große Fischkutter

**Am Wochenende herrscht im Scheveninger Hafen großer Betrieb.**

Auch wenn der traditionelle Fischerort am Rand von Den Haag sich inzwischen schon zu einem beliebten Badeort entwickelt hat, am Freitag ist der Hafen traditionsgemäß die Domäne der rauen Seeleute und der großen Fischkutter.

Hier werden ganze Ladungen mit Frischfisch angelandet und begutachtet und die Familien stehen am Hafendamm, Landungssteg oder an der Seite, um Papa zu begrüßen und sich die abenteuerlichen Geschichten von der Woche auf dem Meer anzuhören.

Ein Spaziergang durch den Hafen bietet ein prachtvolles Schauspiel mit Fischkuttern und hypermodernen Vergnügungsschiffen oder Segelbooten, die hier einträchtig Seite an Seite am Kai liegen.

Stehen Sie früh auf, um einen Blick hinter die Kulissen der dynamischen Fischversteigerung zu werfen. Reservieren Sie abends einen guten Platz mit Aussicht auf den Hafen in einem der gemütlichen Restaurants. Dass der Hafen, aller Modernisierung zum Trotz, sich immer noch um frischen Fisch dreht, ist an der Speisekarte zu merken. Frischer Fisch gibt hier den Ton an. Und vergessen Sie nicht, auch einmal um den Hafendamm herum zu laufen und zu beobachten, wie die  Sonne langsam im Meer versinkt.

*Credits: Jurjen Drenth*

# Königliches Den Haag

**Das Königshaus hat im Herzen vieler Niederländer einen besonderen Platz. Und Den Haag ist schon seit Jahrhunderten der Mittelpunkt der vaterländischen Geschichte.**

Die Verbundenheit der Stadt mit dem Königshaus geht auf das Jahr 1248 zurück, als Graf Wilhelm II. sich hier niederließ. Von den zahlreichen königlichen Palästen wird nur noch eine Handvoll wirklich von der Königlichen Familie benutzt. Das sind unter anderem das Paleis Noordeinde und das Paleis Huis ten Bosch. An dem Teich vor diesem Palais soll König Willem-Alexander seiner Maxima den Heiratsantrag gemacht haben.

Paleis Noordeinde, mit seinem kunstvoll angelegten Garten, liegt an der Noordeinde, einer der elegantesten Geschäftsstraßen der Stadt. Hier ist der Amtssitz von König Willem-Alexander. Wenn er anwesend ist, weht die Flagge auf dem Palast.

Noordeinde war der Mittelpunkt wichtiger Ereignisse im Leben der Königlichen Familie. Zum königlichen Den Haag gehört selbstverständlich auch ein Königlicher Garten. Verborgen zwischen Palast Noordeinde, den Königlichen Ställen und dem Königlichen Archiv liegt der Paleistuin (Schlossgarten).

Er ist für Besucher geöffnet, jedoch in der breiten Öffentlichkeit relativ unbekannt. Ein Spaziergang an den Blumenwiesen, Teichen und alten Bäumen vorbei versetzt Sie in die Atmosphäre längst vergangener Zeiten, die Zeiten von Prinzen und Prinzessinnen. Besonders schön ist ein Picknick im Schlossgarten. Der Park ist von Sonnenaufgang bis Sonnenuntergang über den Prinsessewal zugänglich.

# Am Prinsjesdag (Prinzentag) dem König zuwinken

**Für echte Anhänger des holländischen Königshauses ist die Eröffnung des Parlamentsjahres, Prinsjesdag, ein Höhepunkt.**

Denn dann macht das Königliche Gefolge, unter Begleitung der wichtigsten Mitglieder des Königshauses, eine Fahrt mit der goldenen Kutsche von Palast Noordeinde über die Lange Voorhout zum Rittersaal im Binnenhof. Hier hält König Willem-Alexander die jährliche Thronrede.

Während dieser traditionellen Fahrt mit der Kutsche wird jede Minute von der Batterie der 11. Abteilung der Berittenen Artillerie (Gelbe Reiter) auf dem Malieveld Salut geschossen. Gegen 13:50 Uhr fährt die Königliche Familie wieder mit der goldenen Kutsche zurück zum Palast Noordeinde.

Nachdem König Willem-Alexander und die anderen Mitglieder des Königshauses zum Paleis Noordeinde zurückgekehrt sind, findet gegen 14 Uhr die Balkonszene statt, bei der das Volk der Königlichen Familie auf dem Balkon zujubelt.

Diese Balkonszene wurde in den 1960er Jahren aus Sicherheitsgründen eingeführt. Davor stieg die Familie am Prinzentag nach der Rückkehr zum Palast - wenn das Wetter mitspielte - von der goldenen Kutsche in eine offene Kutsche um, die im Trab durch Den Haag fuhr.

Prinsjesdag ist immer ein feierlicher und gemütlicher Tag voller Traditionen. Entlang der Route stehen tausende orange gekleidete Menschen, die Stadt zeigt sich von ihrer schönsten Seite und an der Route sind Tribünen aufgestellt, von denen aus man die ganze Pracht aus der Nähe bewundern kann.

Danach wird noch tagelang über die schönen Kleider der königlichen Damen und ihre auffälligen Hüte gesprochen.

*Tipp: Kommen Sie ein paar Tage früher nach Den Haag und sehen Sie sich die Proben der Ehreneskorte der Kavallerie am Strand an oder besuchen Sie das öffentliche Mittagskonzert der Militärkapelle.*

Credits: Jurjen Drenth

# Panorama Mesdag hat keinen Makel

**"Der einzige Makel dieses Gemäldes ist, dass es keinen Makel hat." Das sagte Vincent van Gogh über Panorama Mesdag. Das älteste Panorama der Welt ist ein einzigartiges kulturhistorisches Monument.**

Hendrik Willem Mesdag, einer der bekanntesten Künstler der Haager Schule, hielt 1881 diese Aussicht auf das Meer, die Dünen und das Dorf Scheveningen in einem Panoramagemälde fest. Er kreierte damit das größte Gemälde der Niederlande, mit ganzen 120 Metern Länge und gut und gerne vierzehn Metern Höhe.

Weil das Gemälde zylinderförmig ist, steht der Besucher nicht vor ihm, sondern in seiner Mitte. Durch eine Sinnestäuschung hat er das Gefühl, sich direkt in dem Scheveningen vom Ende des 19. Jahrhunderts zu befinden. Auf das Panorama hat Mesdag seine Frau Sientje – die bei der Fertigung des Gemäldes mithalf – gemalt, anstatt seiner Unterschrift, wie sonst bei Panoramagemälden üblich. Sie sitzt unter einem weißen Sonnenschirm, vor ihrer Staffelei am Strand.

Op het panorama heeft Mesdag zijn vrouw Sientje - die meehielp aan de vervaardiging - geschilderd in plaats van een handtekening, wat gebruikelijk is op panoramaschilderijen. Ze zit op het strand onder een witte parasol, voor haar schildersezel.

Das Museum befindet sich an der Zeestraat in Den Haag. Hinter einem alten Herrenhaus ist die Mesdag-Dauerausstellung zu besichtigen, mit vielen Strand- und Meermotiven und Arbeiten von Sientje Mesdag-van Houten. Dahinter ist, in einem separaten sechzehneckigen Gebäude, das Panorama aufgehängt. Durch das Glasdach fällt Tageslicht auf das Gemälde.

# Jahrhundertealtes Band mit den Oraniern

**Delft hat seinen Beinamen Prinsenstad (Prinzenstadt) dem jahrhundertealten Band mit den Oraniern zu verdanken. Unter anderem sind in der Nieuwe Kerk und im Museum Prinsenhof Zeichen dieser gemeinsamen Geschichte zu finden.**

Nur wenige Menschen in der niederländischen Geschichte regen die Fantasie so sehr an wie Willem van Oranje (Wilhelm I. von Oranien-Nassau). Er führt das Land im Kampf gegen die spanischen Herren und kämpft unter anderem für Religionsfreiheit. Er wird auch der Vater des Vaterlandes genannt. Im Jahr 1572 übersiedelt Willem van Oranje ins Delfter Sankt Agathakloster, das von da an Prinsenhof genannt wird.

Seine Wahl fällt auf Delft, da es eine der am besten befestigten Städte Hollands ist. Damit beginnt die Verbundenheit zwischen den Oraniern und Delft, die bis in die heutige Zeit andauert. Im Lauf der Jahrhunderte haben die Oranier in Delft gewohnt, geheiratet und hier wurden sie auch begraben.

Das bekannteste Ereignis aus der Geschichte des Prinsenhofs ist zweifellos die Ermordung Willems van Oranje. Der spanische König Phillips II. hat den Prinz 1580 für vogelfrei erklärt. Er setzt einen Preis von fünfundzwanzigtausend Goldkronen auf seinen Kopf aus.

## Pistolen

Nach einigen misslungenen Anschlägen wagt im Jahre 1584 Balthasar Gerards einen Versuch. Er kauft zwei Pistolen und schießt den Prinzen auf einer Treppe in der Nähe des Speisesaals nieder. Bevor der Vater des Vaterlands seinen letzten Atemzug tut, sagt er auf Französisch: *„Mein Gott, mein Gott habe Mitleid mit mir und diesem armen Volk.“*

Die zwei Einschusslöcher sind immer noch im heutigen Museum Het Prinsenhof am Sint Agathaplein zu sehen, zusammen mit besonderen Stücken der Sammlung und zahlreichen interaktiven Präsentationen. In der Nieuwe Kerk am Markt befinden sich das Grabmal des Willem van Oranje und die Grabgewölbe des Königshauses. Im Jahr 2004 fanden hier sowohl die Bestattung von Königin Juliana und Prinz Bernhard als auch die Eheschließung von Prinz Johan Friso und Mabel Wisse Smit statt.

Im Jahr 1821 wurden die Gewölbe erweitert und erhöht. Eine schmale Treppe neben dem Grabmal von Willem van Oranje verlieh damals Zugang zu den Kellern. Bei der Restaurierung der Kirche um 1920 wurde beschlossen, einen neuen, schönen Eintritt im Chor anzulegen. Diese Treppe ist mit einer großen Steinplatte verschlossen, in die das Wappen des Fürstenhauses eingemeißelt ist.

*Credits: Marco Zwinkels*

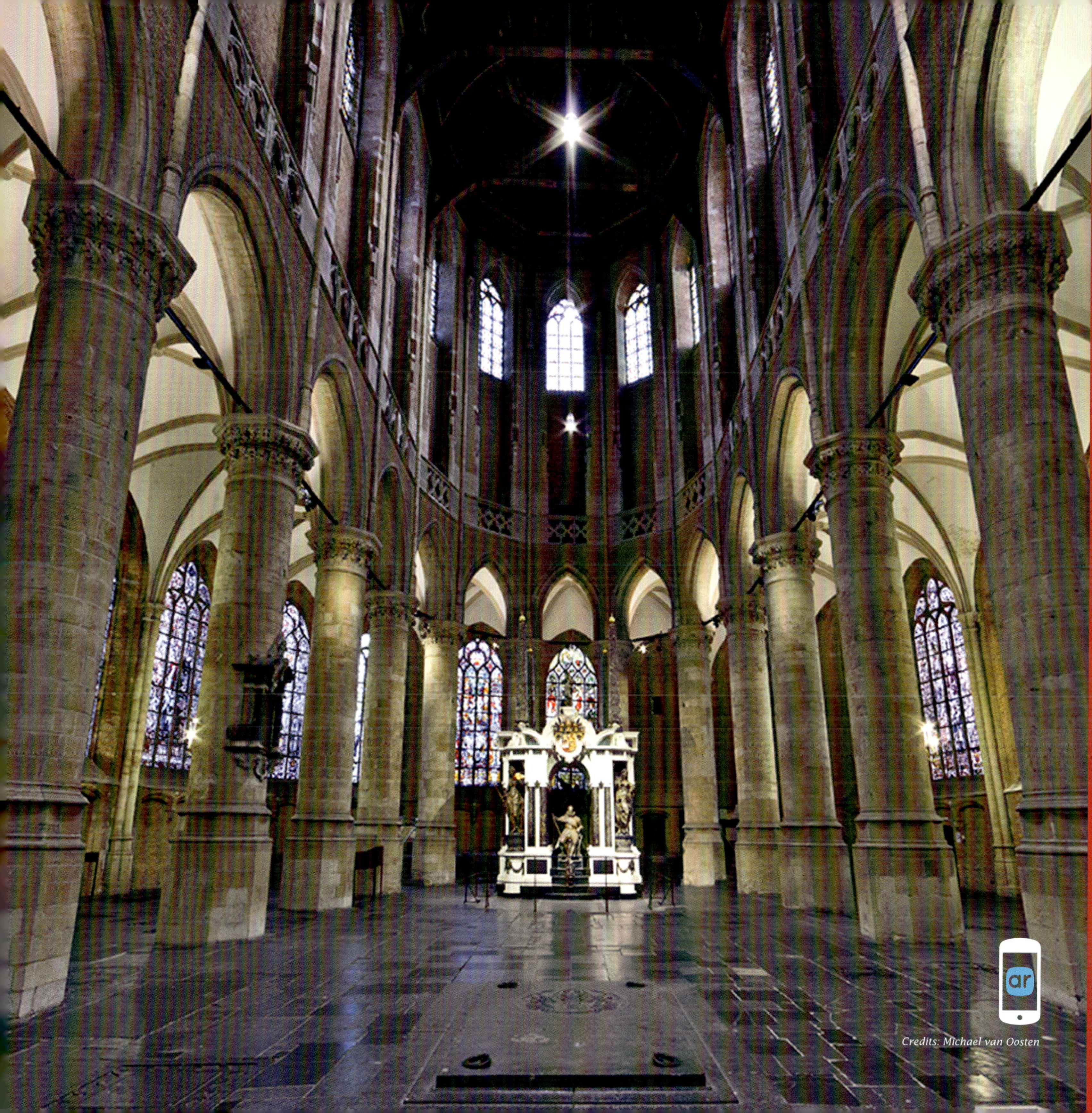

*Credits: Michael van Oosten*

# Delfter Blau - jahrhundertealte Tradition

ROYAL 1653 DELFT
KONINKLIJKE PORCELEYNE FLES

Delfter Blau ist weltberühmt für die Handwerkskunst und jahrhundertealte Tradition. Der Ursprung der Delfter Blau Keramik liegt in China, wo das blauweiße Porzellan sich großer Beliebtheit erfreute, schon lange bevor die Vereinigte Ostindische Kompanie (VOC) es zu Anfang des 17. Jahrhunderts entdeckte und in die Niederlande mitbrachte. Das im Jahr 1653 errichtete Royal Delft ist die älteste erhaltene Fabrik aus dem Goldenen Zeitalter. Ein nationales Monument, das einen Besuch lohnt.

Hier wird das berühmte Royal Delfter Porzellan noch nach jahrhundertealten Traditionen nur von Hand bemalt. Im Jahr 1919 erhielt das Unternehmen das Prädikat ‘königlich’ und das festigte die besondere Verbindung mit dem niederländischen Königshaus.

## Von Hand bemalt

Die Dekoration beginnt mit der Zeichnung der Umrisse, danach füllt der Maler diese sorgfältig mit Pinseln aus Marder- und Eichhornhaar aus. Die Farbe ist auf Wasserbasis und die verschiedenen Töne entstehen durch Zugabe von mehr oder weniger Wasser. Die Farbe wird nach jahrhundertealten Rezepturen gemischt und besteht aus Kobaltoxid, was der Farbe einen dunklen Ton verleiht.

Nachdem das Biskuit von Hand gefärbt wurde, wird eine Glasurschicht aufgetragen. Die Glasur bedeckt das Dekor mit einer undurchsichtigen weißen Schicht. Während des Brennvorgangs schmilzt die Glasur bei einer Temperatur von 1200 Grad zu einer transparenten Schicht und das Dekor kommt wieder zum Vorschein. Durch die Reaktion zwischen Ton, Farbe und Glasur entsteht das typische Delfter Blau.

*Jedes handbemalte Stück von Royal Delft trägt das offizielle Royal Delft Markenzeichen, mit dem die Authentizität des Produktes garantiert wird. Das Markenzeichen wurde 1879 von Joost Thooft eingeführt und besteht aus einem Apothekerfläschchen, den Initialen JT und 'Delft', unter dem Markenzeichen werden ein Jahrescode und die Initialen des Malers hinzugefügt.*

## Royal Delft Experience

Bei einem Besuch der Royal Delft Experience entdecken Sie im Rahmen einer audiovisuellen Präsentation die gesamte Geschichte und den Produktionsprozess der Delfter Keramik. Die Tour führt Sie an einer Malvorführung vorbei zum Speisezimmer von Vermeer. Dieser berühmte Delfter Maler ist aufgrund seiner Geburt im 17. Jahrhundert ein Zeitgenosse von Royal Delft.

Der nächste Raum ist die Königliche Schatzkammer mit der Sammlung von Oranien-Keramik, die für das Königliche Haus angefertigt wurde. Im Museum können Sie unsere Sammlung antiker Delfter Keramik bewundern und in der Fabrik ist der ursprüngliche Herstellungsprozess zu besichtigen. Im Showroom befindet sich die vollständige Kollektion handbemalter und von Hand gefertigter Royal Delft-Keramik sowie die Souvenir-Kollektion.

## Sammlung

Die Sammlung handbemalter Produkte besteht aus traditionellem und modernem Delfter Blau, darunter Tulpenvasen, Zierteller, Kacheln und eine Nijntje (Miffi) Serie. Es wird auch eine Blueware Kollektion mit traditionellen Siebdrucktechniken von Hand hergestellt.

Seit 1988 wird mit derselben Siebdrucktechnik eine moderne Linie Delfter Blau hergestellt. Die neueste Linie, BlueD1653, kombiniert modernes Design mit traditionellen Dekorationen.

## Arrangements

Als Ergänzung zu Ihrem Besuch werden auch Workshops angeboten, bei denen Sie selber Delfter Keramik bemalen können. Es gibt auch eine Brasserie, in der Sie mit Blick auf den wunderschönen historischen Garten eine Tasse Kaffee oder Tee, einen Lunch oder einen High Tea genießen können.

# Nachhaltige Gesellschaft dank der TU Delft

**Dank des substantiellen Beitrages der Technische Universiteit Delft kommt die nachhaltige Gesellschaft immer näher.**

Die Universität führt bahnbrechende technisch-wissenschaftliche Forschung auf anerkanntem internationalem Weltniveau durch, bildet gesellschaftlich engagierte Ingenieure und Doktoren aus und leistet einen Beitrag zur Umsetzung von Wissen in wirtschaftlich und gesellschaftlich wertvolle technologische Innovationen und Aktivitäten.

König Wilhelm II. gründete 1842 die Königliche Akademie für die Ausbildung von Ingenieuren, Handelsexperten und Beamten, die in Niederländisch-Indien (dem heutigen Indonesien) arbeiten sollten.

22 Jahre später wurde die Akademie aufgelöst. Stattdessen erhielt Delft eine polytechnische Hochschule, in der Architekten und Ingenieure für den Straßen-, Wasser-, Schiffs-, Maschinen- und Bergbau ausgebildet wurden.

Die Hochschule erhielt erst 1905 akademisches Niveau. Im Zuge eines neuen Gesetzes zur wissenschaftlichen Hochschulbildung wurde die technische Hochschule 1986 die Technische Universiteit Delft.

# Die Gläserne Stadt

**Die niederländische Agrarwirtschaft steht international auf sehr hohem Niveau. Ihre Wiege ist das Westland, auch - aufgrund der endlosen Landschaft voller Gewächshäuser - als Gläserne Stadt bezeichnet.**

Der Küstenstreifen südlich von Den Haag zeichnet sich aufgrund der Nähe zur Nordsee durch ein günstiges Klima aus. Dank der relativ milden Wintertemperaturen und der vielen Sonnenstunden können Obst, Gemüse und Pflanzen hier gut gedeihen. Anfang des 19. Jahrhunderts ist die Region ein Weinbauzentrum und die Produkte werden vor allem nach Großbritannien exportiert.

In dieser Zeit wird der Sand der Strandwälle abgegraben und zum feuchten Moor- und Lehmboden verbracht. Dadurch entsteht ein guter Untergrund für den Gartenbau. Mit der Einführung der ersten Gewächshäuser um 1850 kommt alles richtig in Schwung. Gärtner entdecken, dass sie durch die Zucht in beheizten Gewächshäusern mit möglichst viel Glas den Ertrag ihrer Pflanzen vergrößern können.

## Licht

Denn Pflanzen wachsen schneller, wenn sie mehr Licht bekommen und sich in einer konstant warmen Umgebung befinden. Außerdem können hier auch Produkte angebaut werden, die sonst nur in wärmeren Ländern wachsen. 'Ein Prozent mehr Licht ist ein Prozent mehr Ertrag' und das ist auch nötig. Die Randstad, zu der Westland gehört, erlebt ein explosives Wachstum und die Nachfrage steigt rasant.

Und so entsteht die weltgrößte Konzentration von Gewächshäusern. Hier wird schon seit langer Zeit und ständig viel Geld in beispielsweise Umweltschutz und Energieeinsparung investiert.

Chemische Bekämpfungsmittel werden immer mehr durch biologische Bekämpfungsmittel ersetzt, wie Raubmilben und Schlupfwespen. Indem man es den natürlichen Feinden überlässt, Schädlinge im Gewächshaus zu bekämpfen, sind kaum noch Insektizide zum Schutz der Gewächse nötig.

Viele Gärtner verwenden eine Kraft-Wärme-Kopplungs-Anlage (KWK) für die Erwärmung des Gewächshauses und die gleichzeitige Stromerzeugung. Der $CO_2$-Ausstoß wird genutzt, um das Pflanzenwachstum zu beschleunigen. Unverbrauchter Strom wird wieder in das Stromnetz eingespeist. Der oft fotografierte orangefarbene Himmel (aufgrund der Assimilationsbeleuchtung in den Gewächshäusern) beherrscht aber immer noch das charakteristische Nachtbild der Gläsernen Stadt.

# Zuid-Holland

westermeijer

*Credits: www.vervoornfotografie.nl*

# Die sich ständig erneuernde Hafenstadt

**Die Stadt Rotterdam hat einen der größten Häfen der Welt. Eine Metropole, die sich in einem rasanten Tempo ständig erneuert. Bei jedem Besuch dieser Welthafenstadt wurde die jetzt schon beeindruckende Skyline um ein neues Glanzstück moderner Architektur erweitert.**

Rotterdam, zurzeit mit über 600.000 Einwohnern die zweitgrößte Stadt der Niederlande, entstand im Jahr 1270. Der Name ist ein Hinweis auf einen Damm in dem Fluss Rotte. Der Rotterdamer Hafen ist der größte Europas und der achtgrößte der Welt und erstreckt sich über 40 km von der Stadt zur Nordsee, wo Maasvlakte (Maasebene) I und II angelegt wurden.

Das am meisten einschneidende Ereignis der Stadtgeschichte fand am 14. Mai 1940 statt. An diesem Dienstag im ersten Jahr des Zweiten Weltkrieges wurde fast die ganze historische Innenstadt Rotterdams zerstört. Zur Erinnerung an das Bombardement hat Rotterdam seit 2010 die Grenzlinie des großen Brandes, der nach dem Bombardement wütete, mit leuchtenden Fliesen markiert.

Da das Zentrum bis auf einige historische Gebäude zerstört wurde, gab es und gibt es immer noch viel Platz für Neubauten. Rotterdam ist daher auch, im Gegensatz zu vielen anderen niederländischen Städten, eine moderne Stadt. Die Stadt profiliert sich als internationale Architekturstadt mit zahlreichen Wolkenkratzern, und wird auch das 'Manhattan an der Maas' genannt. Interessante Beispiele von Hochbauten - die immer höher werden - sind im Kop van Zuid zu finden. Im Zentrum wurde ein neuer, moderner Hauptbahnhof erbaut.

# Klassiker bleiben im Fokus

**Die Klassiker des modernen Städtebaus bleiben in Rotterdam im Fokus. Die weltberühmten Kubushäuser, das *Groothandelsgebouw* (Großhandelsgebäude) und das *Witte Huis* (Weißes Haus), der erste 'Wolkenkratzer' Europas, sind hierfür nur ein paar Beispiele.**

Auch Rotterdams industrielles Erbe wird in Ehren gehalten. Alte Packhäuser und Fabriken bekommen einen neuen Verwendungszweck, wobei der ursprünglichen Architektur ein zeitgenössischer Schwung verliehen wird.

Piet Blom hat die Kubushäuser in den Jahren 1974-1984 entworfen. Bloms Idee war es, eine Art Dorf in einer großen Stadt zu entwerfen. Der Kijk-Kubus ist das eingerichtete Museumshaus des Blaakse Bos, des Gebäudekomplexes von Kubushäusern. Die Inneneinrichtung wurde speziell entworfen, um dem Besucher einen Eindruck zu vermitteln, wie man in einem Kubushaus, mit schrägen Wänden, wohnen kann. Modelle, Fototafeln und Bildschirme geben zusätzliche Informationen.

## Drei

Das Groothandelsgebouw wurde von H.A. Maaskant und W. Van Tijen (1947-1953) entworfen. Es ist ein Bürogebäude mit Firmenräumen für Großhandelsunternehmen und es war das Symbol des Wiederaufbaus von Rotterdam. Der enorme Baublock von 220 mal 84 Metern war und ist das größte Handelsgebäude der Niederlande; in seinem Inneren befinden sich Gänge von insgesamt 1,5 Kilometern Länge auf drei Etagen. Der Dachpavillion wird vom Grand Café Engels als Terrasse genutzt.

Die Van Nelle Fabrik wird als das am meisten tonangebende Gebäude der Architekturepoche *'Het Nieuwe Bouwen'* (Moderne) angesehen. Seit 1983 ist die Fabrik deshalb auch ein *Rijksmonument* (niederl. Reichsdenkmal). Im Jahr 2000, nach dem Auszug des Unternehmens Van Nelle, wurde der Komplex vollständig überholt, ohne dabei sein Format zu verlieren.

Wo vorher Kaffee, Tee und Tabak verarbeitet wurden, haben jetzt Unternehmen ihren Sitz, die sich mit Kommunikation, Design, Architektur und Medien beschäftigen. Die Van Nelle Fabrik, in den Jahren 1925 bis 1931 von J.A. Brinkmann und L.C. van der Vlugt entworfen, wurde am 21. Juni 2014 der Welterbgut-Liste hinzugefügt.

## Tatkraft

Mit seiner Höhe von 45 Metern und elf Stockwerken war das Witte Huis – ein Entwurf von W. Molenbroek in den Jahren 1897-1898 – der erste niederländische 'Wolkenkratzer' nach amerikanischem Vorbild und ein wichtiges Symbol für die Tatkraft und den Erneuerungssinn Rotterdams. Unter anderem wegen einer öffentlichen Aussichtsplattform auf dem Dach, war das Gebäude bei den Rotterdamern sehr beliebt. Im Erdgeschoss ist das Grand Café Het Witte Huis zu finden.

*Credits: Rogier Bos*

# Mit dem Fahrrad Architektur bewundern

**Rotterdam ArchiGuides an der Schiekade organisiert verschiedene Architekturausflüge für Wanderer, Radfahrer und mit dem Bus.**

Sachverständige Stadtführer erzählen auf Niederländisch, Englisch, Deutsch und Französisch etwas über die hypermoderne, Aufsehen erregende Architektur des modernen Rotterdam.

Natürlich wird dabei auch den jüngsten Entwicklungen in der Rotterdamer Innenstadt, dem Lloydkwartier und Kop van Zuid Aufmerksamkeit gewidmet. Wie zum Beispiel De Rotterdam, ein multifunktionales und nachhaltiges Gebäude, das nach einem Entwurf des bekannten niederländischen Architekten Rem Koolhaas von 2009 bis 2013 erbaut wurde.

## Türme

Es besteht aus drei dicht nebeneinander stehenden, fast 150 m hohen Türmen, deren obere Hälften gegenüber den unteren Hälften versetzt sind. Die drei verbundenen Türme bilden eine 'vertikale Stadt' mit Luxusappartements, einem Vier-Sterne-Hotel, Büroräumen, Geschäften, Gaststätten, Fitnesscentern, Parkplätzen und Kultureinrichtungen.

Ein weiteres Glanzstück moderner Architektur ist die 800 Meter lange Erasmusbrücke des Architekten Ben van Berkel von 1996. Diese Hängebrücke über die Maas hat einen 139 Meter hohen Stahlpylon, der mit 40 Seilen gehalten wird. Wegen der Form des Pylons erhielt die Brücke den Spitznamen '*De Zwaan*'(Der Schwan).

HOLLAND AMERIKA LIJN

# Hafenrundfahrt

**Eine Rundfahrt durch einen der größten Häfen der Welt werden Sie in Ihrem Leben nie vergessen.**

Gehen Sie an Bord eines der Spido-Boote und machen Sie die 75 Minuten dauernde Rotterdamer Hafenrundfahrt mit. Bewundern Sie die Containerhäfen, Hotel New York, den Euromast und die SS Rotterdam. Spido befindet sich im Scheepvaartkwartier.

Die Tenderboote, die einst die Passagiere von der SS Rotterdam an Land brachten, werden jetzt für Rundfahrten durch Hafen und Stadt ab der Brielselaan eingesetzt. Die Tender sind ideal für eine Party oder ein Meeting, einen Ausflug auf der Rotte oder eine Sunsetcruise an einem schönen Sommerabend.

HOLLAND AMERIKA LIJN

Beautiful Holland

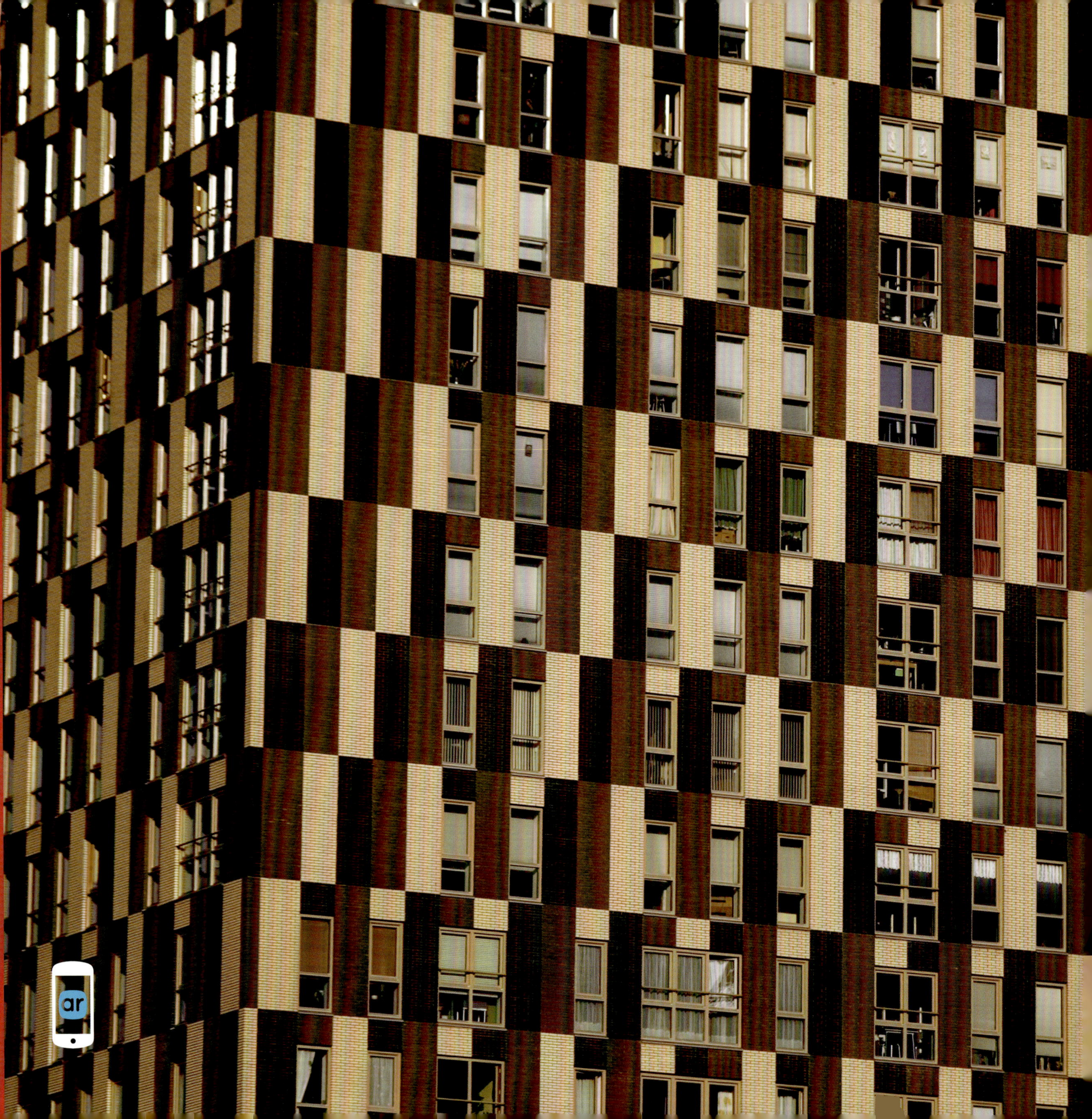

# Der höchste Turm der Niederlande

**Einer der prägenden Faktoren der Rotterdamer Skyline ist der Euromast. Mit seinen 185 Metern ist er der höchste Turm der Niederlande. Er ist jeden Tag für Besichtigungen geöffnet.**

Der Euromast wird 1960 anlässlich der Floriade erbaut. Der Architekt H.A. Maaskant versieht den Turm in 32 Metern Höhe mit dem Nachbau einer kompletten Schiffsbrücke, mit Navigationsausrüstung und einem Kartenraum. In diesem Raum können Besucher erfahren, was es bedeutet, ein Seeschiff zu steuern.

In dem Krähennest in 100 Metern Höhe befindet sich ein Restaurant. Die Brasserie ist zum Frühstück, Brunch, Mittag- und Abendessen geöffnet. Sogar Übernachtungen sind im Euromast möglich. Der Charme und die Romantik des Gebäudes kommen nachts in voller Pracht zum Ausdruck. Die zwei exklusiven Suites Heaven & Stars sind über der Brasserie gelegen.

Bei sonnigem Wetter hat man eine Aussicht von 30 Kilometern, bis nach Antwerpen, Moerdijk und Den Haag.

*Credits: Ossip van Duivenbode*

# De Markthal: gut Essen und einzigartig Wohnen

**De Markthal ist der erste überdachte Markt der Niederlande. Gut Essen und einzigartig Wohnen, diese zwei Bereiche kommen im spektakulären Bogen zusammen.**

Aufgrund von neuen europäischen Verordnungen ist der Verkauf von unter anderem Fleisch, Fisch und Käse im Freien immer strengeren Regeln unterworfen. Die Stadt Rotterdam hat das in ein äußerst ehrgeiziges Projekt umgesetzt: einen Fischmarkt, der alle anderen auf der Welt in den Schatten stellt.

Zwischen Blaak und Grote Markt, in der Nähe der Stelle, an der Rotterdam im Jahr 1270 gegründet wurde, wurde ab 2009 die Markthal erbaut. Im Jahr 2014 wurde der Bogen eröffnet und die Markthändler konnten dort ihre frischen Waren an den Mann bringen.

'Rotterdams Sixtinische Kapelle' umfasst 96 einzigartige Stände und 20 Geschäfte und Gaststätten. Die ganze Stadt, mit all ihren 176 verschiedenen Nationalitäten und Küchen, kommt in der Markthal zusammen. Und auch wenn Verkäufer, Käufer und Zuschauer nach Hause gehen, genießen die Bewohner der Eigentums- und Mietwohnungen in dem Bogen noch lange ihren ausgefallenen Wohnort.

# Zweite Maasvlakte für große Containerschiffe

**Die zweite Maasvlakte ist ein neuer Schritt in der Entwicklung des Rotterdamer Hafens. Mit diesem im Meer angelegten, 2000 Hektar großen Gebiet ist der Hafen um 20 Prozent größer geworden und nun erreichbar für die neueste Generation großer Containerschiffe.**

Um die Position eines wichtigen wirtschaftlichen Knotenpunkts zu erhalten, wurde der Hafen im Lauf der Zeit immer weiter in Richtung Nordsee ausgebreitet. In der Mitte des letzten Jahrhunderts wurde das Botlek angelegt, in den 1960er Jahren die erste Maasvlakte. Westlich davon entstand die zweite Maasvlakte.

Die neuen Häfen haben einen Tiefgang von 20 Metern, wodurch auch die größten Containerschiffe zu der Stadt an der Maas kommen können. Nur so ist der Wettbewerb mit anderen europäischen Städten beim Containerumschlag durchzuhalten. Das Ausbreitungsgebiet ist auch für den Vertrieb und die chemische Industrie bestimmt, die genau wie der Containerumschlag wachsende Unternehmenssektoren sind.

CMBT

# Internationale Wertschätzung der Leerdamer Glasfabrik

**Andries Copier, Hein Berlage und Frank Lloyd Wright sind nur ein paar der richtungweisenden Designer, die in der oder für die Glasfabrik in Leerdam gearbeitet haben. Aber auch die Materialverwendung hat dem heutigen Royal Leerdam Crystal (RLC) große internationale Wertschätzung eingebracht.**

RLC, das im Jahr 1878 gegründet und 1953 königlich wurde, verarbeitet qualitativ sehr hochwertige Rohstoffe, die dem Leerdamer Kristall seine einzigartigen Eigenschaften geben. Diese sind ein besonders strahlender Effekt, eine wunderbare Klarheit und Klangfarbe. Die Farbechtheit ist mit Edelsteinen vergleichbar und es ist ausgezeichnet zum Schleifen und Gravieren geeignet.

Schon im Jahr 1912 sahen die damaligen Geschäftsführer die Kraft und das Marktpotential von dekorativem Zierglas mit ästhetischer Formgebung und langlebigen Gebrauchsprodukten. Darum setzten sie berühmte Designer wie Copier, Berlage, Wright und Isabel Giampietro ein. Marlies Dekkers, Ans Markus und Menno Jonker traten in ihre Fußstapfen.

Seit 2008 gehört die Glasfabrik zur Royal Delft Group, zusammen mit BV Koninklijke Van Kempen & Begeer, einem Produzenten von Silberbesteck, und De Porceleyne Fles, bekannt durch die Delfter-Blau-Keramik.

## Museum

Das Nationale Glasmuseum in Leerdam, das aus der Glasfabrik entstanden ist, verwaltet eine interessante und sehr vielseitige Sammlung des Kunstgewerbes, sowohl auf dem Gebiet von Gebrauchsglas als auch auf dem Gebiet des Zier- und Kunstglases.

Die Glassammlung wurde im Lauf der Zeit um zahlreiche Teilsammlungen erweitert, wodurch das Museum derzeit in der Lage ist, ein repräsentatives Bild von der Entwicklung der niederländischen Formgebung und bildenden Kunst in Glas von ungefähr 1880 bis heute zu vermitteln. Außer dem Leerdamer Glas sind in der Sammlung einige repräsentative Kernstücke aus Glas anderer Kristallproduzenten in den Niederlanden vertreten.

Zudem hat das Museum ein Archiv, in dem eine große Anzahl spezialistischer Publikationen über das Kunstgewerbe und Glas, sowie eine seltene komplette Sammlung (Verkaufs-)Kataloge der niederländischen Glasfabriken, zu finden ist.

Beautiful Holland

# Neunzehn Mühlen beisammen

**Wunderschöne Aussichten. Ein Wolkenhimmel, bei dem einem Maler das Wasser im Mund zusammenläuft. Alles in allem ein wunderschönes Dekor für die größte Mühlensammlung der Welt. Willkommen in Kinderdijk.**

Inmitten der Randstad, dem am dichtesten bevölkerten Teil der Niederlande, liegt das Groene Hart (Grünes Herz). Die Gegend ist bei Besuchern außerordentlich beliebt, und das aus drei Gründen: die große Vielfalt der Natur, die Ruhe und das Dorf Kinderdijk. Dieses hat seinen Platz auf der Welterbgutliste der UNESCO seinen ‘Kämpfern gegen das Wasser’, neunzehn authentischen Windmühlen aus dem 18. Jahrhundert, zu verdanken.

Die neunzehn Windmühlen sind nicht alle gleich. An der Nederwaard stehen acht runde Steinmühlen. Die fünfte Mühle stand früher 65 Zentimeter aus dem Lot. Die ‘schiefe Mühle vom Kinderdijk’ wurde 2011 gerade gerichtet und zum Mahlen vorbereitet. Die Restauration hat über eine Million Euro gekostet. Das Backhäuschen (in dem früher Brot und Kuchen gebacken wurden) dieser Mühle wurde abgebrochen und bei der Museumsmühle, der zweiten an de Nederwaard, wieder aufgebaut.

An der Overwaard stehen acht reetgedeckte sogenannte Achtkanter. Dann gibt es noch die Blokweerse Mühle, die den Blokweer Polder entwässert. Es ist eine Bockwindmühle, der älteste Poldermühlentyp. Und schließlich liegen im Polder Nieuw-Lekkerland noch zwei reetgedeckte achteckige Mühlen.

Ende des 19. Jahrhunderts erhielten die Mühlen für die Beherrschung des Wassers Unterstützung von zwei Dampfpumpwerken. Eines davon ist noch als Monument erhalten: Das Wisboomgemaal ist auch ein Besucherzentrum, das einen Schatz von Informationen enthält und außerdem ein idealer Ort ist, um etwas zu trinken, ein Souvenir auszusuchen oder sich von einer Wander- oder Radtour zu erholen.

# Zeeland

Provincie Zeeland

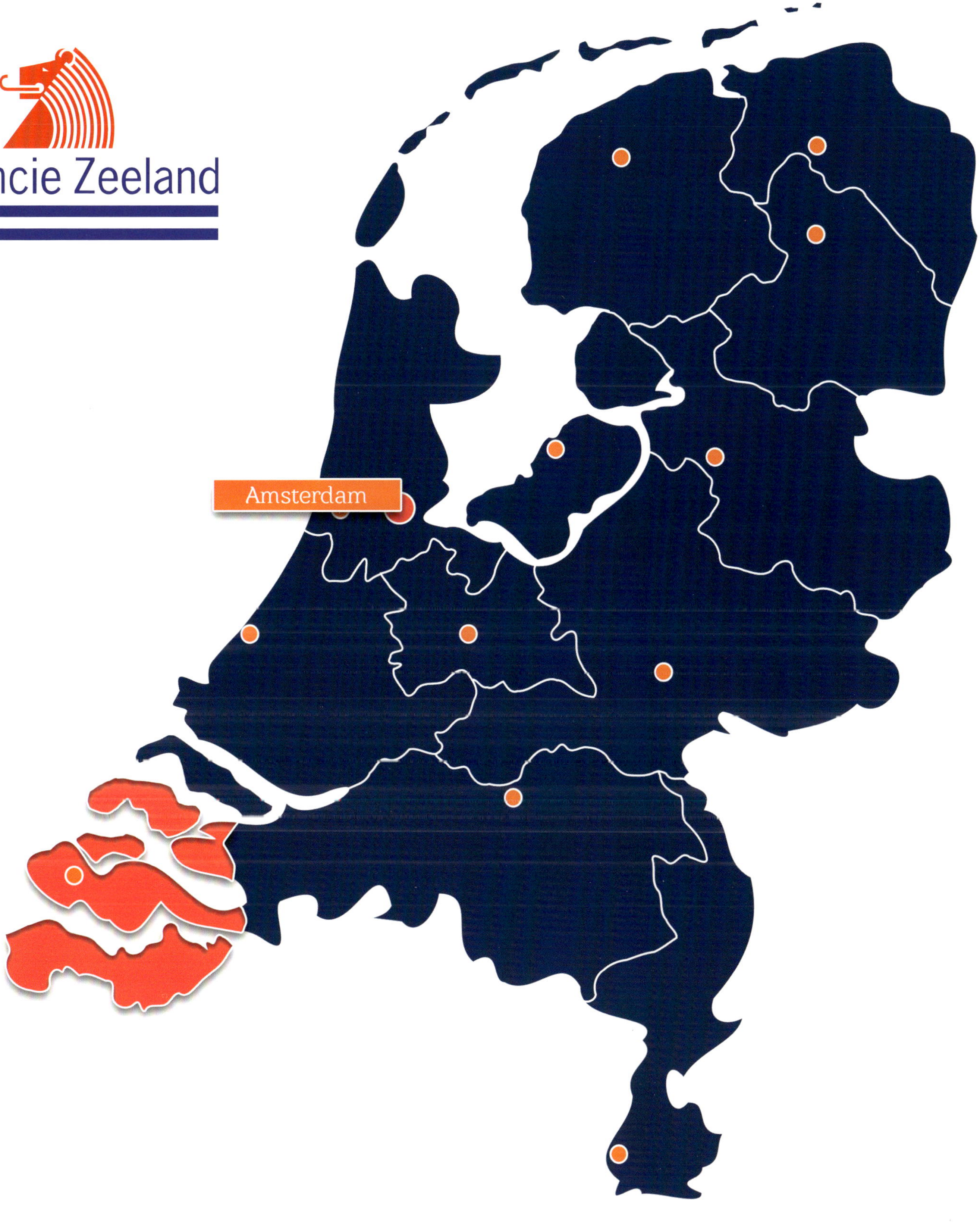

Credits: Gemeente SD

# Zierikzees auffällige Silhouette

**Handel, Industrie und Fischerei brachten Zierikzee Reichtum, Wohlstand und Schönheit. Dadurch erhielt die Hauptstadt von Schouwen-Duiveland bereits zu Anfang des 15. Jahrhunderts eine interessante Silhouette mit Mauern, Toren, Kirchen, Türmen und Mühlen.**

Am Ende des zehnten Jahrhunderts wird Zierikzee unter dem Namen Creka (entspricht creek, Bach) in einer Urkunde Ottos II., des Kaisers des Heiligen Römischen Reiches, erwähnt. Anfang des 13. Jahrhunderts erhält Zierikzee Stadtrechte. Im späten Mittelalter ist Zierikzee ein strategisch wichtiger Ort für Seeland und Umgebung.

Die Geschichte ist in der Stadt immer noch gegenwärtig. Das auffälligste Gebäude der Stadt ist der zwischen 1454 und 1484 erbaute St. Lievensmonstertoren. Dieser 62 Meter hohe 'Dicke Turm', der schon von weitem sichtbar ist, soll damals der höchste Turm des Landes werden. Aus Geldmangel kann er jedoch nur teilweise vollendet werden. Er hat jedoch immer noch einen beachtlichen Umfang und ist durchaus imposant. Besucher, die sich an den Aufstieg des Turmes wagen, werden mit einer wunderschönen Aussicht über Zierikzee und Umgebung belohnt.

## Tore

Auch wenn die meisten Tore, Mauern und Grachten zum größten Teil verschwunden sind, ist der ursprüngliche Charakter dieser historischen Stadt erhalten geblieben. Zierikzee trägt nicht umsonst den Titel 'eine Stadt wie eine Burg'. Die Stadttore von Zierikzee sind die einzigen mittelalterlichen Stadttore in den Niederlanden, die seit dem 16. Jahrhundert so gut wie unverändert geblieben sind. Die drei Stadttore dienen der Stadt im Mittelalter als Verteidigungsanlagen. Sie schützen den Zugang zum Hafen.

Zusammen mit dem Havenpark und dem Oude Haven bildet der Havenplein das Zentrum vieler Aktivitäten. Im Yachthafen am Nieuwe Haven, Zugangstor zur Oosterschelde, herrscht im Sommer reger Betrieb. Auch lokale Muschelfischer nutzen den Hafen. Auf den Terrassen am Nieuwe Haven lässt es sich gut verweilen. Schiffe aller Arten und Größen fahren ein und aus.

# 1100 Denkmäler in Middelburg

**Das Symbol von Middelburg ist der Lange Jan, eines von über 1100 Reichsdenkmälern, an denen die seeländische Hauptstadt auf der ehemaligen Insel Walcheren reich ist.**

Die Gemeinde Middelburg (elf Stadtteile und Dörfer) hat über 1150 Reichsdenkmäler, trotz der Auswirkungen des Zweiten Weltkriegs (in dem einige hundert Denkmäler vernichtet wurden) und des Abbruchs vieler alter Gebäude in den fünfziger und sechziger Jahren des letzten Jahrhunderts. Am Anfang der 1970er Jahre bekommt die Sanierung denkmalgeschützter Gebäude einen neuen Impuls.

Zum Beispiel die Abtei von Middelburg aus dem Jahr 1125. Zum Abteikomplex, in dem unter anderem die Provinzverwaltung untergebracht ist, gehören zwei Kirchen: die Koorkerk aus dem 14. Jahrhundert, in der vermutlich Graf Wilhelm II. (der Vater des berühmtesten Grafen von Holland, Floris V.) begraben liegt, und die Nieuwe Kerk aus dem 15. Jahrhundert mit dem Marmorgrab der seeländischen Seehelden Cornelis und Johan Evertsen.

Der Lange Jan ist der fast 91 m hohe Turm der Abtei. Im nordwestlichen Flügel des Komplexes liegt das Zeeuws Museum. Auf der Südseite befindet sich der Eingang zum Klostergang unter dem Munttoren (Münzturm) aus dem 15. Jahrhundert. Daneben liegt der frühere Sitz des Abtes.

## Universität

Die ältesten Teile des spätgotischen Rathauses am Markt stammen aus dem Jahr 1458. In der Fassade befinden sich Figuren von Grafen und Gräfinnen, die über Seeland herrschten. Heute ist das University College Roosevelt der Hauptnutzer des Rathausgebäudes. Die UCR bietet über 200 Studiengänge an, darunter spezielle Ausbildungsgänge wie darstellende Künste.

Die Universität wurde, wie das Roosevelt Study Center, nach den drei bekanntesten Mitgliedern der niederländisch-amerikanischen Roosevelt-Familie benannt: Präsident Theodore Roosevelt, Präsident Franklin Delano Roosevelt und seine Ehefrau Eleanor Roosevelt.

Die Sint Jorisdoelen auf dem Balans, dem Platz vor der Abtei, wurde 1582 als Hauptquartier der Schützengilde von Sankt Joris von Zeeland erbaut. Auf dem Dach steht eine goldene Figur von Sankt Joris. Im Van de Perrehuis ist das Zeeuws Archief (Seeländische Archiv) untergebracht. Dieses Stadtpalais aus dem Jahre 1765 wurde für das aus Middelburg stammende Patrizierehepaar Johan Adriaan van de Perre (1738-1790) und Jacoba van den Brande (1735-1794) errichtet.

Um im Jahr 1665 den Bau des Huis ´s-Hertogenbosch zu ermöglichen, wurden drei mittelalterliche Gebäude abgerissen. Die Reste dieser Häuser sind immer noch in den Kellern des Wohnhauses am Vlasmarkt zu sehen. Das Gebäude ähnelt dem Paleis Noordeinde in Den Haag.

Credits: Aart van Belzen

# Seeland: ein Land der Kontraste

**Seeland ist immer anders. Ein Land der Kontraste. Es gibt immer wieder etwas Neues zu entdecken. Land, Meer, eine sehr lange Küste, Ebbe und Flut und das von Künstlern so hochgelobte seeländische Licht, um all das zu umschmeicheln. Ein Traum für Besucher, ein Lebensstil für die Einwohner.**

Mit einer solchen Aussicht und so viel Raum für Entdeckungen ist auch das Leben in Seeland nie gleich. Früher ein reiches, autonomes Handelsgebiet mit einer eigenen Flotte und Handelsposten in Nord- und Südamerika, später ein reiches Landwirtschaftsgebiet.

Durch den Bau der Deltawerke, die das Meer bändigten, entstanden Verbindungen und neue Möglichkeiten. Diese sind nun, im digitalen Zeitalter, endlos. Seeland ist das stärkste und am stärksten wachsende regionale Wirtschaftsgebiet der Niederlande. Immer mehr Studenten, junge Professionals, Unternehmer und Unternehmen sehen das. Seeland hat nur 380.000 Einwohner, aber zwei Universitäten und den größten Hafen Europas für die Wind- und Offshore-Industrie.

## Sterne

Oud Sluis, das berühmte Drei-Sterne-Restaurant von Sergio Herman, gibt es seit 2014 nicht mehr. Aber auch ohne das Oud Sluis hat Seeland im Jahr 2015 neun Michelin-Sterne. Das sind verhältnismäßig gesehen mehr als Luxemburg vorweisen kann, das Land mit der größten Sterne-Dichte weltweit. Woran das liegt? Dafür gibt es mehrere Erklärungen. Die Seeländer sind dafür bekannt, gute Arbeiter und Perfektionisten zu sein und sie wachsen zwischen den Schalen- und Muscheltieren und anderen regionalen Produkten auf, die man teilweise einfach so in der Natur aufheben, sammeln und abschneiden kann.

Das bekannteste Exportprodukt von Seeland sind Schalentiere. Seeländische Muscheln und Austern werden in ganz Europa gegessen. Seeländische Herzmuscheln und Messerscheidenmuscheln landen auf spanischen und italienischen Tellern. Das Meer liefert auch Gemüse. Gewöhnlicher Strandflieder und Queller werden heute auf eine innovative Art gezüchtet. Das gilt beispielsweise auch für einige Sorten von Seetang.

# Strandgänger und Ruhesuchende

**Strandgänger und andere Wasserliebhaber fahren gerne nach Zeeland, vor allem an die großen Nordseestrände. Dort entstehen immer mehr Spitzeneinrichtungen, sogar Sterne-Restaurants. Im Hinterland, am Grevelingen, der Oosterschelde und Westerschelde, gibt es kleine Buchten, Strände und Felder für die Ruhesuchenden.**

Strandvergnügen im großen Stil ist bei Cadzand, Nieuwvliet-Bad, Groede, Dishoek, Zoutelande, Domburg und Vrouwenpolder zu finden. Die ausgedehntesten Strände sind wahrscheinlich die von Schouwen. Mehr als 20 Kilometer weiter, offener Strand ist umgeben von einem kilometerweiten Dünengebiet. Es ist vielleicht eines der schönsten Wander- und Radfahrgebiete der Niederlande.

Der Fremdenverkehrsverein (VVV) in Schouwen hat die 23 Strände in verschiedene Kategorien eingeteilt: Naturstrände, Familienstrände, Familiensportstrände, FKK-Strände und Zonen für Extremsport. Jeder Strand hat seinen eigenen Charakter und seine eigenen Möglichkeiten.

## Natur

Ruhe findet man insbesondere an der Mündung von 't Zwin bei Cadzand-Bad. Oder im Zwarte Polder, der sich etwas nördlich davon befindet. An beiden Orten spielt die Natur eine wichtige Rolle. Die Wanderung zum Strand des Zwarte Polder ist atemberaubend schön und hinter dem Strand von 't Zwin beginnt das gleichnamige Naturgebiet: 158 Hektar Priele, Schlickgebiete und Deichvorland.

Die südlichsten Strände von Noord-Beveland, beim Banjaard, bestehen aus zwei tiefen Sandbuchten. Bei schönem Wetter hat man alles andere als das Gefühl in den Niederlanden zu sein. Der Banjaardstrand ist einer der saubersten der Niederlande.

Der Strand von Ritthem ist ein unbekannter, ausgedehnter Strand an der Mündung der Westerschelde. Das Seefort Rammekens aus dem sechzehnten Jahrhundert mit dem Prielgebiet und dem Wald drumherum, die neuen Dünen und das Marschgebiet direkt hinter dem Deich sind lohnenswert.

Eigentlich gibt es hier zwei Strände. Der erste befindet sich ganz in der Nähe eines Parkplatzes, entlang einer Buhne. Der Geheimtipp ist jedoch der zweite Strand, hinter den Dünen. Er ist an einer schönen, ausgedehnten Bucht gelegen, in der ein alter Cassion (Senkkasten) aus dem zweiten Weltkrieg zu bewundern ist. Der Deich wurde hier nämlich von den Alliierten durchschossen und erst zwei Jahre später wieder mit Senkkästen abgedichtet.

## Deiche

Im Hinterland lässt es sich an den vielen Seedeichen gut aushalten. Fast überall verlaufen Fahrradwege am Wasser entlang und gibt es Felder, auf denen man gut sitzen oder liegen kann. Sportangler und Taucher kennen sich hier bestens aus.

Immer mehr Dörfer bekommen hier ihren eigenen Strand: oft ein aufgeschüttetes Eckchen entlang des Seedeichs oder an einer alten Hafenspitze. Beispiele hierfür sind Nummer Een bei Breskens (mit einer guten Aussicht auf die große Seehundpopulation auf der Sandbank direkt vor der Küste), Hoofdplaat, Ossenisse, Baarland, Wilhelminadorp, Wemeldinge, Gorishoek, 't Oesterstrandje bei Zierikzee und der Strand von Den Osse. Da ist selten viel los. Strände zum Tagträumen, an denen Boote langsam vorbeiziehen.

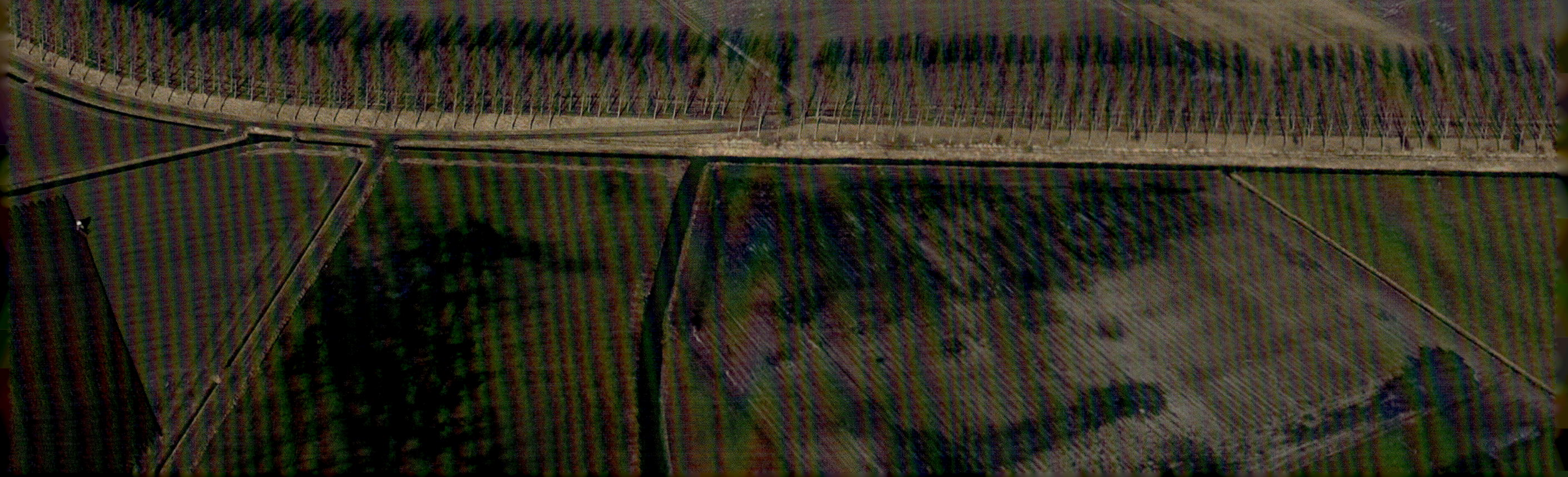

# Von Salzwasser zu Süßwasser

**Das Verdronken Land van Saeftinghe ist eines der wichtigsten und größten Deichvorlandgebiete der Niederlande. Es liegt an der Westerschelde, die als Nordseearm Salzwasser führt. Je weiter landeinwärts, desto süßer das Wasser. Das Wasser, das in Saeftinghe bei Flut über die Priele hereinströmt, ist Brackwasser.**

Saeftinghe ist etwas Besonderes aufgrund seiner Ausdehnung und Natur, aber auch, weil es einen Eindruck von den seeländischen Urlanden vermittelt: ein Land voller Schlickböden, Sandbänken und Schorren (Deichvorgebiete), durchschnitten von Wassergräben. Hier kann man noch jeden Tag sehen, wie die ganze Deltalandschaft entstanden ist.

Im späten Mittelalter war das Verdronken Land van Saeftinghe ein wohlhabendes Poldergebiet. Durch Sturmfluten gingen im 14. und 16. Jahrhundert große Teile des eingedeichten Landes verloren. Im 80-jährigen Krieg wurden zur Verteidigung Antwerpens zusätzlich Deiche durchstochen, sodass das Gebiet zu Recht Verdronken Land (Ertrunkenes Land) genannt wurde.

Seit dem 17. Jahrhundert werden große Teile des Gebietes wieder vom Meer zurückerobert. Im Jahr 1907 fand die letzte Einpolderung statt. Dabei entstand der Hertogin Hedwigepolder, der an den südwestlichen Teil von Saeftinghe grenzt.

## Zeugen

In fast jedem Quadratkilometer Seelands kann man Zeugen des Kampfes gegen das Wasser finden. Am deutlichsten sind sie an der Küste: die riesengroßen Seedeiche, die Deltawerke und die breiten Dünenreihen, die sorgfältig gepflegt werden.

Auch im Binnenland lassen sich noch alte Seedeiche, Durchstiche und Ortsnamen finden, die an die Zeit erinnern, in der es hier noch mehr Meeresarme als heute gab. So liegen Orte in Seeländisch Flandern wie Isabellahaven und Zaamslagveer jetzt tief im Landesinnern. Die jüngsten Polder sind die Sloepolders, die in den 1960er Jahren vom Meer erobert wurden. Gleich daneben liegt einer der ältesten und größten Polder der Niederlande: Der Polder Walcheren bekam im zwölften Jahrhundert seine heutige Gestalt.

Nach der Flutkatastrophe von 1953 wurden die Deltawerke gebaut. Im Watersnoodmuseum in Ouwerkerk auf Schouwen-Duiveland wird die Geschichte dieses verheerenden Zusammentreffens von Sturmflut und Springflut anschaulich gemacht. In vier Senkkästen kann man alte Filme, Fotos, Materialien und Maschinen sehen, in denen die Seele Seelands sichtbar wird.

Die Deltawerke dienen nicht nur als Schutz vor dem Meer, sie haben insbesondere in Seeland durch eine verbesserte Erschließung für einen wirtschaftlichen Aufschwung gesorgt. Auch die Landwirtschaft profitiert immer noch vom Bau der Deltawerke: Durch den Abschluss einiger Meeresarme ist das Brackwasser hier süß geworden. Zwar sind dadurch einige Pflanzen- und Tierarten, die gerade in Brackwasser gedeihen, verloren gegangen, aber dafür hat sich an anderen Stellen neue Natur gebildet.

## Deltaroute

Wer Seeland an einem Tag erleben möchte, sollte über die Deltaroute fahren. Sie führt über fast alle Inseln, vorbei an Küstenverteidigungswerken, Muschelzüchtereien, Austernbänken, innovativen Meeresgemüse-Höfen, über eine der längsten Brücken der Welt und vorbei an seeländischen Städten. Wer mit dem Fahrrad unterwegs ist, kann hier und da ein Stückchen abkürzen und mit der Fähre von Insel zu Insel zu 'hüpfen'.

# H2Olländer leben mit, durch und vom Wasser

**H2Olländer leben mit, durch und vom Wasser. Ein großer Teil dieses kleinen Landes hinter den Dünen liegt unterhalb des Meeresspiegels. Die Niederländer kennen es ja nicht anders. 'Die Außenwelt' sieht erstaunt zu und erfindet sogar einen Jungen, Hans Brinker, um das Wunder der trockenen Füße zu erklären.**

Es würde niemanden verwundern, wenn die ganzen Niederlande (und nicht nur der östliche Teil Nord-Hollands) Waterland (Wasserland) heißen würde. Das Land liegt in einem Delta, dem niedrigsten Punkt, an dem Rhein, Maas und Schelde in die Nordsee münden. Flüsse können zu Überschwemmungen führen. Das kann vor allem im Winter und Frühling ein ernstes Problem sein.

Für andere, vor allem Bewohner höher gelegener Länder, wäre das ein Problem. Aber nicht für die Niederländer! Sie bauen Dämme und Deiche, um das Wasser zurückzuhalten. Die Römer haben es ihnen vorgeführt, als sie vor etwa 1500 Jahren die ersten dicken Mauern (Kais) entlang der Flüsse anlegten.

Das Wasser ist ein gefürchteter Gegner. Auch wenn die Niederländer den Ruf genießen, die besten Damm- und Deichbauer der Welt zu sein und sie überall um Rat und Tat gebeten werden, sind große Überschwemmungen immer noch an der Tagesordnung, auch weil das Meerwasser viel zu hoch steigt und sich über Dünen und Deiche hinweg seinen Weg sucht. Die Überschwemmungskatastrophe im Jahr 1953 in der Provinz Zeeland kostet fast 2000 Menschen das Leben. Nach dieser Katastrophe wurde der Deltaplan entwickelt.

## Deltawerke

Die Deltawerke verteidigen die Provinzen Zeeland, das südliche Süd-Holland und Nord-Brabant gegen das Wasser. Jahrzehntelang wurde unter anderem bei der Oosterschelde- und Maeslantkering (zwei Sturmflutwehre) an der Erhöhung aller Deiche auf Deltahöhe gearbeitet. Ein Megaprojekt, das zu einem der sieben modernen Weltwunder erklärt wurde und jedes Jahr Interessierte anlockt. Oft stattet man neben dem Informationszentrum mit einer Ausstellung über die Deltawerke auch der ehemaligen Arbeitsinsel Neeltje Jans einen Besuch ab.

Die letzte Überschwemmung findet 1995 statt. Durch das extrem hohe, strudelnde Wasser in Rhein und Maas drohen die Flussdeiche an verschiedenen Stellen zu brechen, unter anderem bei Ochten. Über 250.000 Menschen werden aus dem Land an Maas und Waal und der Betuwe evakuiert. Gottlob halten die Deiche letztlich gerade so und nach etwa einer Woche können die Bewohner wieder in ihre Häuser zurückkehren. Die Dörfer jenseits der Deiche werden jedoch überflutet, darunter Borgharen. Diese Geschehnisse führen zum Deltaplan Grote Rivieren (Große Flüsse) und später zum Projekt Ruimte voor de Rivier (Platz für den Fluss).

Dennoch ist immer noch Wachsamkeit geboten. Das beweist auch die jüngste Allerheiligenflut in der Nacht vom 31. Oktober zum 1. November 2006. In

Norddeutschland und dem Norden der Niederlande wütet der schwerste Sturm seit 1990. Bei Delfzijl (in der Provinz Groningen) wird der höchste Wasserstand aller Zeiten gemessen: 4,83 Meter über dem Amsterdamer Pegel!

Auf der Landungsbrücke im friesischen Holwerd treiben wegen der Sturmflut die Autos von der Fähre nach Ameland aufs Wattenmeer. In Marrum ertrinken 20 Pferde. Über 100 Pferde werden vom Wasser eingeschlossen, können jedoch gerettet werden. Dank der seit dem Deltaplan erhöhten Deiche kommt es jedoch nicht zu Überschwemmungen im Land hinter den Deichen, zumindest nicht auf der niederländischen Seite.

## Neu

Ein Deltaplan 2.0 ist notwendig, denn es wohnen inzwischen viel mehr Menschen in den niedrig gelegenen Gebieten. Auch tut sich wirtschaftlich viel mehr, der Meeresspiegel steigt und die großen Flüsse führen immer häufiger Hochwasser. Es ist Zeit für einen neuen Plan mit zusätzlichem Schutz. Es wird beschlossen, in den nächsten 30 Jahren etwa 20 Milliarden Euro in neue Maßnahmen für den Hochwasserschutz zu investieren und für ausreichend Süßwasser zu sorgen.

Im Deltagebiet um Rotterdam, an der Mündung von Rhein und Maas ins Meer, werden die Deiche verstärkt oder stärkere Deiche angelegt. Für die Urheber des Deltaprogramms 2015 gehört diese Region zu den am meisten gefährdeten Zonen der Niederlande. Die Folgen eines Deichbruchs an dieser Stelle wären katastrophal! Darüber hinaus werden insbesondere im Rivierengebied (Flussgebiet) große Investitionen in stärkere Deiche getätigt. In diesem Poldergebiet würden bei einer Überschwemmung viele Menschen ertrinken.

Die Sturmflutwehre sind zum größten Teil noch in Ordnung, aber von den etwa 3700 km Deichlänge in den Niederlanden müssen 1500 km angepackt werden, um die Niederlande besser vor Überschwemmungen zu schützen. Die Kosten für die Verstärkung belaufen sich auf sieben bis neun Millionen Euro pro Deichkilometer. Die vorraussichtlichen Kosten des Deltaplans 2015 betragen 15 Milliarden Euro.

Um dafür zu sorgen, dass Landwirtschaft, Industrie und Natur über genügend Süßwasser verfügen, sind noch einmal 470 Millionen Euro notwendig.

Credits: Thomas Fasting

*Credits: Beeldbank Zeeland, Roel van der Mast, Eddy Westveer, Photographics, Felice Buonadonna, Ben Seelt*

# Noord-Brabant

## Provincie Noord-Brabant

# Oranienstadt Breda

**Breda ist eine echte Oranienstadt: Das hat der Ort im Westen der Provinz Noord-Brabant seinem historischen Band mit dem Haus Nassau zu verdanken.**

Bis 1795 sind die Bürger von Breda Untertanen der Herren von Breda, die ab 1403 auch Grafen von Nassau und ab 1538 Prinzen von Oranien-Nassau sind.

Im Laufe der Jahrhunderte hat sich um die Burg von Breda, dem Sitz der Herren von Breda, die historische Innenstadt gebildet. Die wichtigste Sehenswürdigkeit ist die gotische Onze-Lieve-Vrouwekerk, an der von 1410 bis 1547 gebaut wurde. Ein Teil der Kirche ist die Prinsenkapel, das Mausoleum, in dem die Vorfahren der Königlichen Familie aus dem Haus Nassau-Dillenburg ihre letzte Ruhe fanden.

Breda war lange Zeit ein wichtige Garnisons- und Festungsstadt, und spielt aufgrund der Anwesenheit der Königlichen Militärakademie auch heute noch eine deutlich sichtbare Rolle innerhalb der niederländischen Streitkräfte. Dank seiner Lage an einem Knotenpunkt von Wasser-, Bahn- und Autostraßen gibt es hier seit jeher viel Handel und Industrie.

# Der Biesbosch - Süßwasserlabyrinth mit Ebbe und Flut

**Ebbe und Flut in einem Süßwassergebiet, das ist seltsam! Aber in den Niederlanden gibt es das. Der Nationalpark De Biesbosch ist eines der wenigen Süßwassergebiete mit Ebbe und Flut Europas und auf jeden Fall das größte. In diesem Gewirr von Flüssen, Wasserbecken, Weidewäldern und verschlungenen Bächen mit glasklarem Wasser gibt es viel zu erleben: wandern, Rad fahren, Boot fahren und vor allem die Natur genießen.**

Der Biesbosch entsteht während einer großen Flutkatastrophe in der Nacht vom 18. zum 19. November 1421, die 16 Dörfer von der Landkarte streicht. Diese St.-Elisabeth-Flut verwandelt das Rhein- und Maasdelta in einen etwa 30.000 ha großen Binnensee. Es bleibt lange Zeit unter Wasser. Auf dem Landzuwachs werden Hunderte von Hektar mit Grienden (Weidenwälder) bepflanzt. Diese feuchten Äcker, auf denen Weidenholz angebaut wurde, prägen Jahrhunderte lang das Aussehen des Biesbosch.

Das Holz wird unter anderem für Fässer und Werkzeugstiele verwendet. Gehacktes Reisigholz wird in Senkrahmen verarbeitet. Heute gibt es nur noch ein paar *Grienden*, etwa 24 ha, die auf traditionelle Art bewirtschaftet werden. Die alten *Grienden*, die nicht mehr gepflegt werden, verwildern. An manchen Stellen liegen noch blumenreiche Heuwiesen.

Auch das Schilf ist an vielen Stellen verschwunden oder von Brennnesseln und wilden Kräutern überwuchert. An der südlichen, holländischen Seite des Biesbosch befinden sich die so genannten *Getijdengrienden*, die bei Ebbe und Flut immer noch leer- bzw. volllaufen.

Die Naturentwicklung hat dafür gesorgt, dass zahlreiche nasse Polder und neue offene Bäche entstanden. Das Zusammenspiel von Wasser, Natur und Menschenhand hat ein Gebiet mit einer endlosen Variation von Landschaften, Flora und Fauna geschaffen. Einige besondere Pflanzen sind das seltene dreieckige Riedgras und die Sumpfdotterblume (Caltha palustris var. araneosa), eine Varietät der Dotterblume, die nirgendwo sonst auf der Welt vorkommt.

## Hexenkraut

In den verwilderten Grienden wachsen viele Brennnesseln, aber auch große und orangefarbene Springkräuter, haarige Weidenröschen, großes Hexenkraut und Blutweiderich. Die großen Riesenbalsaminen bilden einen richtigen Dschungel. Die rosa Blumen haben einen charakteristischen süßen Duft.  Mit zunehmendem Alter der *Grienden* wird auch eine Zunahme des Artenreichtums erwartet.

Wenn Schilf- und Binsenfelder nicht regelmäßig überschwemmt werden, verwildern sie und es wachsen dazwischen allerlei andere Pflanzen, wie Baldrian, Zaunwinde, haarige Weidenröschen, große Rohrkolben und gelbe Schwertlilien.

Heuwiesen im Sliedrechtse Biesbosch wie das Kraaiennest, Teile des Louw Simonswaard, der Engelbrechtsplekske und der Hengstpolder haben großen Blumenreichtum ausgebildet. Im Sommer blühen hier allerlei besondere Wildpflanzen wie gelbes Labkraut, Margeriten, Ackergauchheil, Wiesenflockenblumen und Pimpinellen. In den Flussdünen am Kop van den Oude Wiel wachsen aufgrund des sandigen Bodens einige botanische Glanzpunkte wie roter Sommerwurz, Knollensteinbrech, kleine Wiesenraute, Wiesen-Lein, Wiesen-Witwenblume und breitblättriger Thymian.

Die vor kurzem eingerichteten Naturentwicklungsgebiete zeigen schon einen ersten Ansatz zur gewünschten Wiederherstellung der typischen Biesbosch-Natur, angestrebt wird ein Lehm-Urmorast. Auf Teilen, die sich spontan entwickeln dürfen, entstehen (vorübergehende) Möglichkeiten für charakteristische Pioniervegetation wie braune Riedgräser, Schlammlinge und kleines Flohkraut.

Der Biesbosch ist ein international anerkanntes Wasservogelgebiet. Gänse, Reiher, Enten und Stelzenläufer gehen hier auf Nahrungssuche. Die verwilderten Weidenwälder sind ein gutes Habitat für allerlei Waldvögel, wie Rotkehlchen, Mönchsgrasmücken, Kleinspechte und Großspechte, Baumläufer und Sperber. Auch Bussarde und Habichte brüten jedes Jahr im Biesbosch, wie auch Pirole und Nachtigallen.

Rehe, Füchse, die seltene nordische Wühlmaus und die Wasserspitzmaus kommen im Biesbosch vor. Nach etwa 200 Jahren Abwesenheit wohnen seit 1988 auch wieder Biber im Biesbosch. Inzwischen gibt es hier eine selbstständige Population von 300 Tieren. Der Biesbosch ist als 'Begegnungsort von Fluss, Meer und Land' für Salz- und Süßwasserfische aus Nordsee, Rhein und Maas von großer (internationaler) Bedeutung. Der üppige Pflanzenwuchs lockt eine interessante Insektenwelt an: Käfer, Libellen, Heuschrecken, verschiedene Schmetterlingssorten und über 300 Nachtfalterarten.

## Rundfahrten

Ein Besuch des Biesbosch beginnt in einem der zwei Besucherzentren oder dem Biesbosch Museum. Von den Besucherzentren in Dordrecht und Drimmelen aus wird eine Reihe von Aktivitäten organisiert. Rundfahrten, selber mit einem Elektroboot oder Kanu auf Erkundungstour, Ausflüge, Wanderungen, Radfahrten und Vögel sichten.

# Der märchenhafte Pieck

**Der wichtigste Vergnügungspark der Niederlande, der Efteling, hat seine märchenhafte Stimmung Anton Pieck zu verdanken, einem Maler, Zeichner und Grafiker mit einem guten Auge fürs Detail.**

Anton Franciscus Pieck (Den Helder, 1899 - Overveen, 1987) war von 1920 bis 1960 Zeichenlehrer in Bloemendaal. Im Zweiten Weltkrieg war er in der Widerstandsbewegung aktiv. Er nutzte seine grafischen Talente zur Fälschung von Dokumenten und Stempeln.

## Phantasievoll

Piecks Arbeit lässt sich unter Tausenden erkennen: märchenhaft, nostalgisch, fantasievoll und äußerst detailreich. Elemente, die sich in dem 1952 eröffneten Freizeitpark Efteling in Kaatsheuvel in der Provinz Brabant wiederfinden, der von ihm entworfen wurde. Auch in seinen Zeichnungen spürt man die Sehnsucht nach einer sorglosen Welt - sie werden vielfach für Geburtskarten, Kalender und Ex Libris verwendet.

Seit 1984 befindet sich das Anton Pieck Museum in Hattem in der Provinz Gelderland. Dem Namensgeber war die Vorstellung, dass ihm zu Lebzeiten ein Museum gewidmet wird, lange unangenehm. Schließlich gab er widerwillig seine Zustimmung, stellte jedoch den Initiatoren eine Bedingung: Der Nord-Holländer wollte bei seiner Arbeit nicht von Neugierigen gestört werden, die nach dem Museumsbesuch auch noch in Bussen an seinem Haus vorbeigefahren kämen, um zu sehen, wo und wie der Künstler wohnt.

Das Museum durfte also nicht zu nahe bei seinem Haus in Overveen stehen. Pieck hielt daher das Städtchen an der IJssel für einen geeigneten Ort für das Museum und half sogar beim Entwurf des Innenhofs, der Fassade und der Einrichtung. Nach seinem Tod im Jahr 1987 erhielt das Museum unter anderem Piecks Atelier und die Ätzpresse, und es wurde erheblich vergrößert, um die gesamte Sammlung unterbringen zu können.

## Efteling Welt

Der Efteling von Pieck hat sich inzwischen zur 'Efteling Welt' weiterentwickelt. Der *Märchenwald* hat Gesellschaft bekommen: unter anderem von der Stahlachterbahn *Python*, der ungeheuer schnellen Bobbahn, *De Halve Maen*, einer riesigen Schiffschaukel und *Fata Morgana*, der verbotenen Stadt nach den *'Märchen aus 1001 Nacht'*.

Der Park ist immer wieder auf der Suche nach neuen Attraktionen, um Jung und Alt zu unterhalten, wie *Joris en de Draak*, (Joris und der Drache), die erste Doppel-Racer-Holzachterbahn. Und *Droomvlucht* (Traumflug), ein Schwebeflug durch die Welt der Träume und Elfen. Oder *PandaDroom* (Panda-Traum), das in Zusammenarbeit mit dem WWF zustande kam.

Daneben produziert der Efteling eigene Fernsehserien und -programme wie *Sprookjesboom* (Märchenbaum), *Sprookjes* (Märchen) und *TiTaTovenaar* (über einen Zauberer), hat seinen eigenen 18-Loch-Golfplatz und den Ferienpark Efteling Bosrijk mit Häuschen und Appartements in der Natur.

EFTELING THEATER

# Der Erschaffer von Teufeln

**Er ist vielleicht der berühmteste Detektiv der Welt: Hieronymus Bosch, oder einfach Harry. Unermüdlich kämpft er gegen teuflische Subjekte. Der amerikanische Thriller-Autor Michael Connelly nannte die von ihm geschaffene Figur nach einem der größten Maler der Niederlande: Hieronymus Bosch. Der Erschaffer von Teufeln.**

Hieronymus, oder Jeroen oder Jheronimus Bosch ('s-Hertogenbosch etwa 1450 - 1516) heißt eigentlich Jheronimus van Aken und ist ein Spross der einflussreichen Malerfamilie van Aken aus Den Bosch. Er wächst dort auch auf, in der heutigen Hauptstadt der Provinz Nord-Brabant. Über seine Jugend ist nichts bekannt, außer dass er in seiner Jugend im Jahr 1463 den Großen Brand miterlebt hat, der 4000 Häuser seines Geburtsortes in Asche legte. In seinen späteren Werken kommen auffällig viele Stadtbrände vor.

Vermutlich erlernt er die Malerei von seinem Vater. Nach dessen Tod im Jahr 1478 übernehmen Jheronimus und sein Bruder Goessen das Familienatelier. Durch seine Heirat mit der Tochter eines wohlhabenden Kaufmanns kommt er in den Besitz des Hauses 'In den Salvatoer' am Markt. Es bietet die idealen Arbeitsbedingungen: die Lebendigkeit des Marktes und das richtige Licht.

## Garten

Ab etwa 1490 signiert er seine Arbeiten mit 'Jheronimus Bosch', möglicherweise ein Zeichen dafür, dass er um diese Zeit auch außerhalb der Stadttore von 's-Hertogenbosch Bekanntheit erlangt. Auf jeden Fall gefallen seine Werke den Landesherren der burgundischen Niederlande, in deren Auftrag er unter anderem *Het laatste oordeel (Das letzte Urteil)* und *Tuin der lusten (Garten der Lüste)* malt.

Bosch ist als Maler satirischer Darstellungen in die Geschichte eingegangen. Viele Themen in Bosch' s Werk beziehen sich auf Dinge, an denen er sich stört, wie Zügellosigkeit, Betrug, Faulheit und Bettelei. Sehen Sie sich einmal folgende Gemälde an: *Allegorie op de gulzigheid (Allegorie der Gier), De keisnijding (Das Steineschneiden), Spotprent op de luiheid (Karikatur der Faulheit) und Sint-Maarten in de haven (St. Martin im Hafen).*

Kenner weisen jedoch hauptsächlich auf seine Bedeutung als Neuerer der Darstellungstradition hin. Er stellt Motive ganz anders dar als seine Kollegen im späten Mittelalter und schafft neue Kompositionen. Das bringt allerdings ein Problem mit sich, für das bis auf den heutigen Tag keine Antwort gefunden wurde: was will der Maler (das gilt für einen Teil seiner Arbeiten) uns damit sagen? Was will er mit *Das letzte Urteil* und *Garten der Lüste* eigentlich zum Ausdruck bringen?

Bosch der Maler ist ein Mysterium. Sein Namensbruder, der Polizist aus Los Angeles, löst Mysterien.

# Eindhoven - Zentrum für Technologie

**Eindhoven ist das Zentrum für Technologie im Süden der Niederlande. Von all dem Geld, das die Niederlande in Entwicklung und Forschung investieren, wird ein Drittel in Eindhoven ausgegeben. Das Motto der Gemeinde lautet auch nicht umsonst *Leading in Technology.***

In dieser Region im Südosten der Provinz Brabant haben Unternehmer, Bildungsinstitute und staatliche Stellen ihre Kräfte in der Stiftung Brainport gebündelt. Die größten Ausgaben und die meisten Patentanträge kommen aus Eindhoven, hauptsächlich von Philips. In Eindhoven liegt auch der High Tech Campus Eindhoven, in dem Firmen wie Philips und IBM buchstäblich nebeneinander liegen.

Nach Ladenschluss der vielen Geschäfte im Zentrum erwacht Eindhovens Nachtleben. In der Innenstadt liegen zahllose Etablissements. Auf der Südseite liegt mit Stratumseind die längste Cafèstraße der Niederlande mit einer Reihe von über 50 (Tanz-)Cafés, Kneipen und Diskotheken. Auf dem Stratumsedijk gibt es auch einige Gayclubs.

## Picasso

Das Van Abbemuseum an der Bilderdijklaan ist ein Museum für Moderne Kunst und Gestaltung, in dem unter anderem Arbeiten von Picasso, Kandinsky, Chagall und Mondriaan ausgestellt werden. Aus etwa der gleichen Zeit stammen die Automobile von DAF, die in dem DAF Museum an der Tongelresestraat bewundert werden können. Im Jahr 1928 legten die Brüder Hub und Wim van Doorne das Fundament für die heutige Firma DAF Trucks. Was als kleine Maschinenfabrik und Schmiede begann, entwickelte sich zum am schnellsten wachsenden LKW-Hersteller in Europa.

Flughafen Eindhoven oder Eindhoven Airport liegt auf der Westseite dieser Brabanter Stadt. Ein Teil des Militärflugplatzes wird für die Zivilluftfahrt verwendet. Eindhoven Airport ist von der Zahl der Reisenden her der größte Regionalflugplatz der Niederlande.

"Ik doe dit niet.
"I am not going to do
LISSITZKY+
Overwinning op de Zon

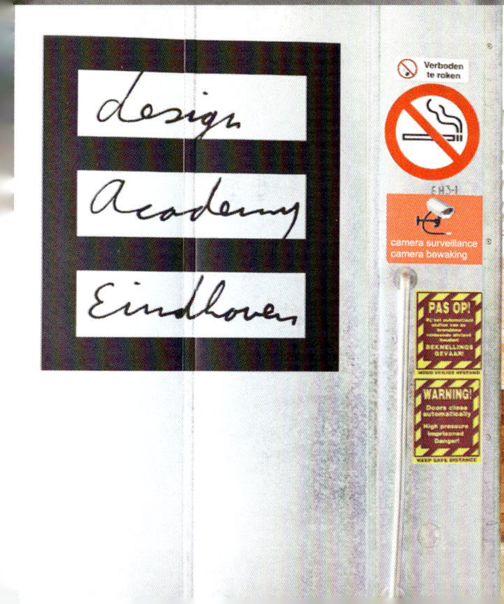
design
Academy
Eindhoven
Verboden te roken
camera surveillance
camera bewaking
PAS OP!
WARNING!

USINE
USINE
Brand
Brand
USINE

# Van Goghs sagenhafte Berühmtheit

**'Starry, starry night, paint your palette blue and gray'. Das sind die ersten Zeilen von Vincent von Don McLean, eine wunderschöne Ode an Vincent van Gogh. Der niederländische Maler erwarb erst nach seinem frühen Tod seine beispiellose Berühmtheit. Zu seinen Lebzeiten wurde wahrscheinlich nur eines seiner Gemälde verkauft.**

Der Pastorensohn Vincent Willem van Gogh (Zundert, 1853 – Auvers-sur-Oise [Frankreich], 1890) war ein stilles, etwas in sich gekehrtes Kind. Im Alter von 16 Jahren verließ er Nord-Brabant, um als jüngster Angestellter in den Kunsthandel Goupil & Cie in Den Haag einzutreten. Sein jüngerer Bruder Theo wurde später Angestellter der Brüsseler Filiale dieses Unternehmens, das Vincent später in die Londoner Filiale versetzte, mit einer Unterbrechung in der Zentrale in Paris.

Die zweite Pariser Periode bedeutete das Ende seiner Laufbahn bei Goupil. Er wurde entlassen, weil er nach einer unglücklichen Liebe in London an ständigen Depressionen litt. Vincent wurde nacheinander Lehrer in Ramsgate und Isleworth in Groß-Britannien. In letzterer Gemeinde war er auch Hilfsprediger.

## Steinkohle

Im Januar 1877 kehrte er wieder in die Niederlande zurück. Sein Studium machte keine großen Fortschritte. Im Dezember des nächsten Jahres wurde Van Gogh als Laienprediger in das Steinkohlegebiet Borinage, im wallonischen Gebiet Henegouwen, entsandt. Wieder litt er an einer Depression, und diese Erkrankung

sollte den weiteren Verlauf seines Lebens bestimmen.

Der von bitterer Armut geprägte Aufenthalt in der Borinage hatte auch einen positiven Aspekt. Denn dort begann er, etwas unbeholfen und ohne Ausbildung, Skizzen und Zeichnungen anzufertigen, unter anderem von den Bergarbeitern. Leider warf Vincent die meisten weg, weil er damit nicht zufrieden war. Dennoch stand hier, im Jahr 1880, bereits der Mann, der zahlreiche andere inspirieren sollte. Es sollte jedoch eine kurze Karriere werden, die durch seine Nervenkrankheit und den vermutlichen Selbstmord schon innerhalb von zehn Jahren ein Ende fand.

Auf dem Umweg über unter anderem Brüssel, Den Haag und Hoogeveen landete er 1883 wieder bei seinen Eltern in Nuenen (Nord-Brabant). In seinen Gemälden aus dieser Zeit hielt Vincent oft das harte Bauernleben fest, an diese Zeit erinnert zum Beispiel *Het Weefgetouw* (Der Webstuhl) und *Twee boerinnen, spitten* (Zwei Bäuerinnen beim Graben). Im April 1885, kurz nach dem Tod seines Vaters, schuf er sein erstes Meisterwerk, *De aardappeleters* (Die Kartoffelesser).

Später in diesem Jahr zog Van Gogh nach Antwerpen um. Verschiedene Zeichnungen und Gemälde, die er bei seiner Familie ließ, sind bei dem Umzug seiner Mutter und Schwester nach Breda verloren gegangen. Aus der Antwerpener Periode stammt unter anderem das Ölgemälde *Kop van een skelet met brandende sigaret* (Schädel mit brennender Zigarette, Februar 1886). Dies ist eigentlich sein erstes Selbstportrait, denn so sah er sich damals.

Im März 1886 verließ Van Gogh Belgien und zog zu seinem Bruder Theo in Paris. Hier arbeitete er weiter an seinem Durchbruch als Künstler. Er freundete sich unter anderem Henri Toulouse-Lautrec an und kam mit den französischen Impressionisten in Kontakt. Van Goghs Werk wird zum Postimpressionismus gerechnet.

## Arles

Im Jahr 1888 verließ der kranke und geschwächte Van Gogh Paris, um sich in Arles in der Camargue niederzulassen. Da begegnete er Paul Gaguin. Nach einigen Monaten gerieten die beiden Maler in einen heftigen Streit, bei dem Van Gogh sich sein linkes Ohrläppchen abschnitt. Der Niederländer sollte danach noch zwei Jahre leben.

Unter der Sonne Südfrankreichs schuf Van Gogh seine bekanntesten Werke, wie *Twaalf zonnebloemen in een vaas* (Zwölf Sonnenblumen in einer Vase), *Nachtcafé* und verschiedene Variationen von *Zonnebloemen* (Sonnenblumen). Im Jahr 1889, als er in einer psychiatrischen Einrichtung in Saint-Rémy-de-Provence untergebracht wurde, malte er frei drauflos. *Irissen, Seringen* (Flieder), die Umgebung mit Olivenbäumen und Zypressen, sowie einige Kopien verschiedener Werke, unter anderem von Rembrandt.

Im Jahr 1890 mietete Van Gogh ein Dachzimmer in einer Herberge in Auvers bei Paris. Hier fügte er seinem sich schnell ausdehnenden Oeuvre einige weitere Perlen hinzu, wie das Portrait des Doktor Gachet, die Gemälde mit den gelben Kornfeldern und dunkelblauen Himmeln und *Korenveld met kraaien* (Kornfeld mit Krähen). Einige Wochen nach Fertigstellung dieses letzten Gemäldes starb er im Alter von 37 Jahren.

Sein umfangreiches Werk ist jedoch unvergänglich. Viele Arbeiten sind im Van Gogh Museum in Amsterdam zu besichtigen. Auch das Kröller-Müller Museum in Otterlo, im Nationalpark De Hoge Veluwe, besitzt eine beachtenswerte Sammlung seiner Werke. Anlässlich des 125. Todestages des Malers im Jahr 2015, wird der Hauptperson aus Don McLeans größtem Hit in den Niederlanden und außerhalb viel Aufmerksamkeit gewidmet.

# Sternennacht

**Ein Fahrradweg, beleuchtet von tausenden funkelnden Steinchen. Inspiriert von der *Sternennacht* von Vincent van Gogh entwarf Daan Roosegaarde einen 600 Meter langen Fahrradweg zwischen Einhoven und Nuenen, in der Nähe des Ortes, an dem der Maler gewohnt hat.**

Der leuchtende Fahrradweg, der im Jahr 2015 anlässlich des 125sten Todesjahres von Vincent eröffnet wurde, ist Teil der Van Gogh-Fahrradroute, die die Orte des Erbes des Malers in 'seinem' Nordbrabant miteinander verbinden. Der weltberühmte Maler schuf in Nuenen sein erstes Meisterwerk *Die Kartoffelesser* und hielt auch die Wassermühlen von Opwetten und Kollen für die Nachwelt fest.

Zwischen diesen zwei Mühlen liegt der einzigartige Fahrradweg, der in der Dämmerung mit Licht und Farbe überrascht. Roosegaarde sagt darüber selbst: "Ich will einen Ort kreieren, den Menschen als etwas Besonderes erleben. Technik verbunden mit einer Empfindung, dafür steht Technopoesie in meinen Augen."

*Credits: Daan Roosegaarde*

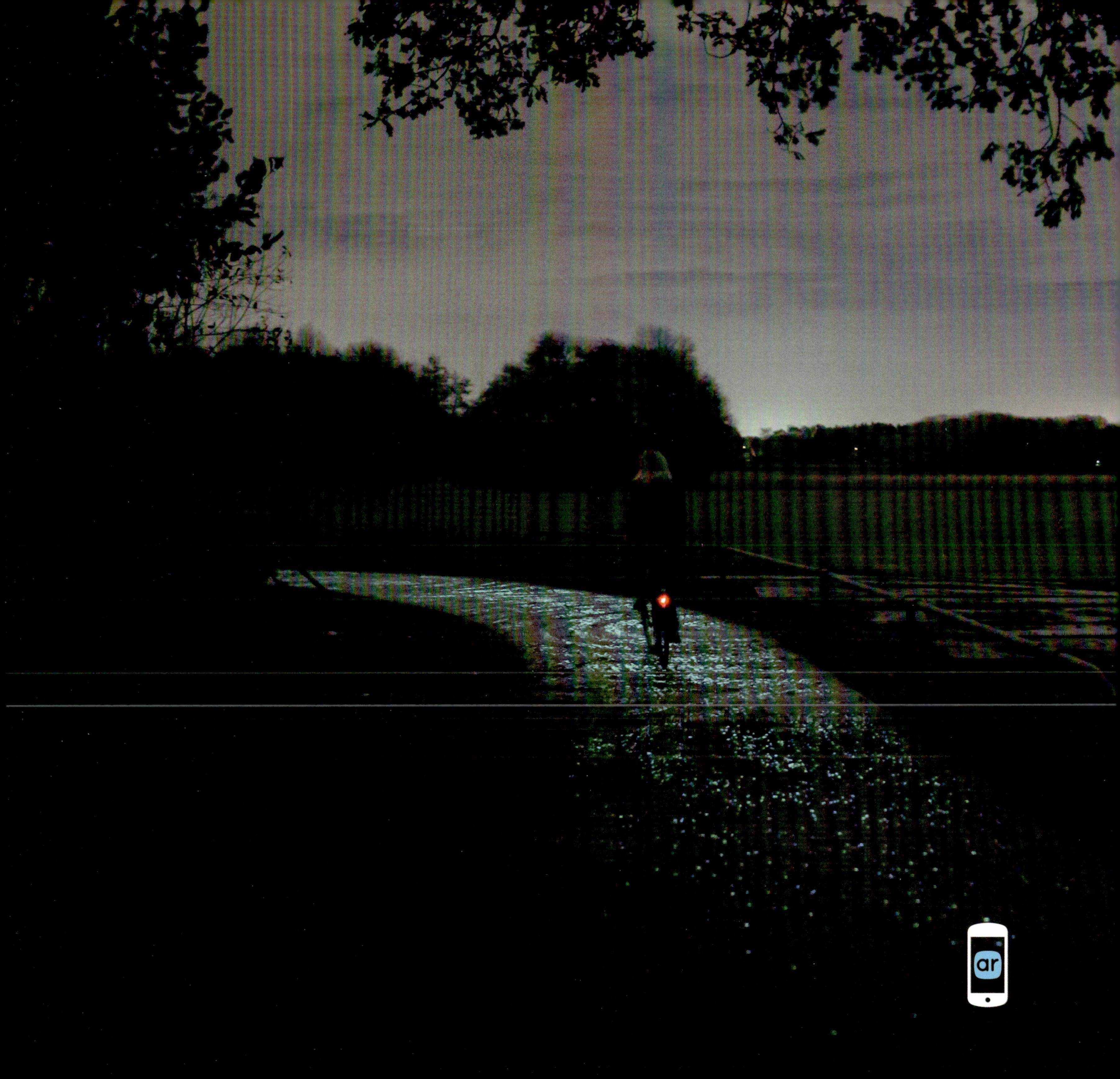

# Utrecht

provincie :: Utrecht

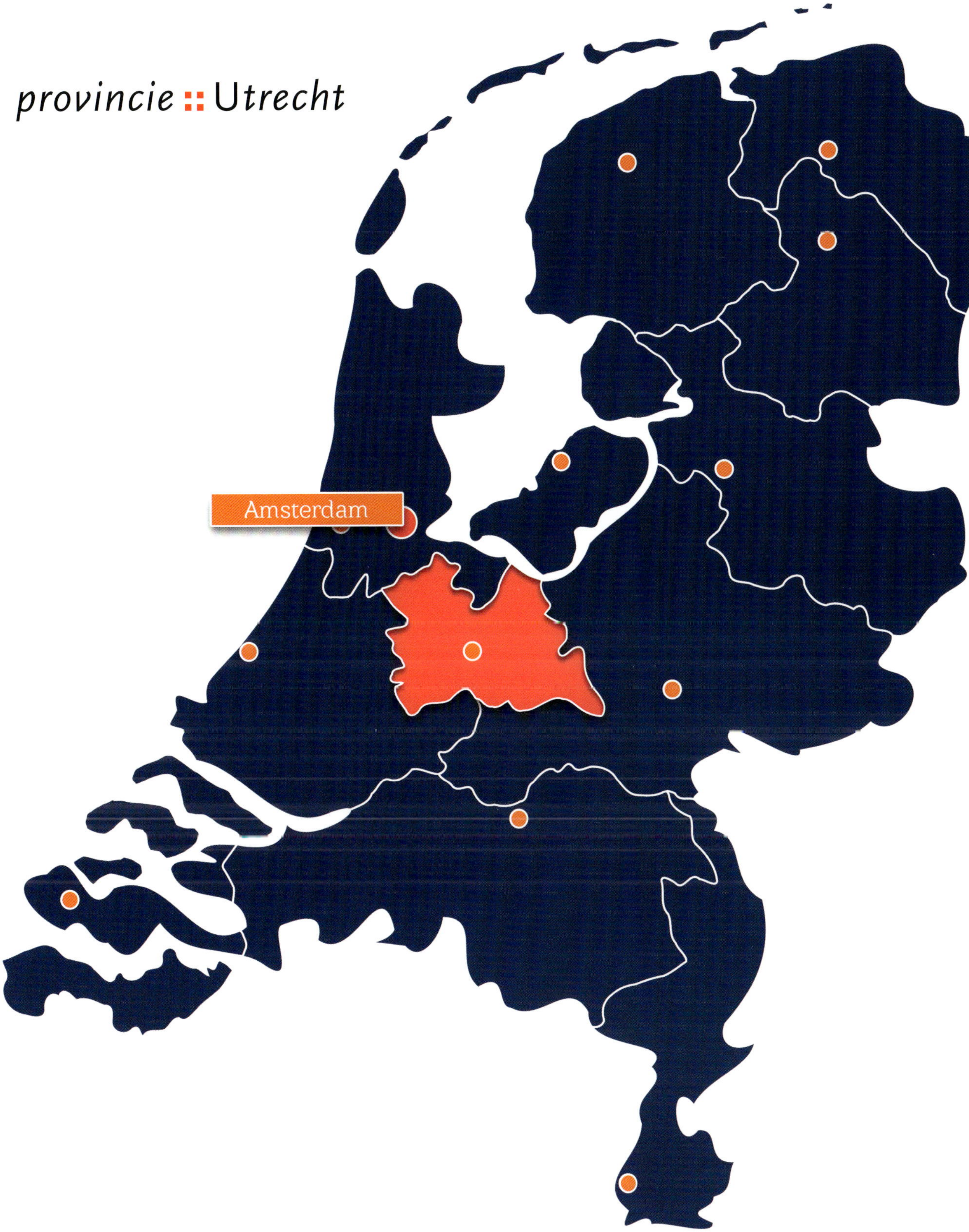

# Wasser als Verteidigungswaffe

**Wasser hat viele Funktionen. In früheren Jahrhunderten nutzten die Holländer Wasser zum Beispiel als Verteidigungswaffe. Um den Feind zurückzuhalten, wurde das Land unter Wasser gesetzt. In der Nieuwe Hollandse Waterlinie, heute ein wunderschönes Naturgebiet, wird diese Geschichte gegenwärtig.**

Die Republik der Sieben Provinzen - der Vorläufer der heutigen Niederlande - strengte einen Aufstand gegen den spanischen Herrscher an, verkörpert in der Person des grausamen Philipp II. Seine fanatische Verfolgung der Kalvinisten, die 1566 ihre Unzufriedenheit mit der römisch-katholischen Kirche in einem Bildersturm zum Ausdruck brachten, führte zu einem Aufstand und dieser mündete im achtzigjährigen Krieg (1568-1648).

Philipp schickte eine Armee unter Führung des Herzogs von Alba, der eine Stadt nach der anderen eroberte. Auch Haarlem musste am 13. Juli 1573 nach langer Belagerung kapitulieren. Drei Tage später zogen die Spanier unter Führung von Albas Sohn Don Frederick nach Alkmaar. Da hatte sich die Stadtverwaltung nach langem Zögern gerade auf die Seite von Oranien gestellt.

Die Bürger hielten tapfer stand, obwohl es an Pulver und Blei fehlte und die Verteidigungsanlagen noch nicht fertiggestellt waren. Hilfe bekamen sie von den in der Stadt ansässigen Wassergeusen, die entschiedene Gegner von Philipp waren. Die Spanier nahmen diesen Kampf zunächst nicht an. Erst am 21. August griffen sie an, aber die Stadt widerstand ihrem Ansturm.

## Nasse Füße

Schließlich beschlossen die Alkmaader, die Deiche durchzustechen. Das unter Wasser gesetzte Land, wurde den Belagerern in Verbindung mit dem nassen und unwirtlichen Wetter zum Verhängnis und mit nassen Füßen bliesen sie am 8. Oktober 1573 zum schändlichen Rückzug. Jedes Jahr wird an diesem Tag ein großes Befreiungsfest unter dem Namen 'Van Alkmaar de Victorie' gefeiert.

Die wirkungsvolle Methode, niedrig gelegene Gebiete unter Wasser zu setzen, wurde in den darauffolgenden Jahrzehnten verfeinert. So entstand Ende des 17. Jahrhunderts die Hollandse Waterlinie, eine Art Kette von speziellen Inundations- oder Überflutungsschleusen und Festungswerken um Städte und an höher gelegenen Stellen, beispielsweise an Deichen und Flüssen, die nicht unter Wasser gesetzt werden konnten. Bei einer Flutung stieg das Wasser etwa 40 cm über Grund. Unbegehbar für die Infanterie, aber zu seicht, um das Land mit einem Boot zu befahren.

Die ursprüngliche Linie entlang der holländischen Städte verschob sich im 19. Jahrhundert nach Osten, sodass auch die Stadt Utrecht einbezogen wurde. Diese Nieuwe Hollandse Waterlinie war 85 km lang, drei bis fünf Kilometer breit und erstreckte sich von der Insel Pampus in der ehemaligen  Zuiderzee (heute IJsselmeer) bis zum Biesbosch. Sie umfasste 46 Forts und fünf Festungsstädte: Muiden, Weesp und Naarden (Nord-Holland), Gorinchem (Utrecht) und Woudrichem (Nord-Brabant).

Die Linie war von 1815 bis etwa 1940 in Dienst, konnte jedoch ihren Wert als Verteidigungssystem nie wirklich beweisen. Im Lauf ihrer Geschichte wurde die Linie jedoch drei Mal (teilweise) in den Verteidigungszustand gebracht. 1870, als der Französisch-Deutsche Krieg sich zu einem europäischen Krieg zu entwickeln drohte, während des Ersten Weltkriegs und das letzte Mal 1939 beim Ausbruch des Zweiten Weltkriegs.

## Fliegen

Im Zweiten Weltkrieg, als die deutschen Truppen die gefluteten Gebiete einfach mit ihren Flugzeugen überwinden, zeigt sich, dass die Linie ihren Verteidigungswert größtenteils verloren hat. Heute hat die ‘Neue Holländische Wasserlinie‘ eine neue Funktion. Es ist ein wunderschönes Gebiet, voller Sehenswürdigkeiten und Natur, und hat den Status eines Landschaftsparks.

# Reiche Geschichte überall spürbar

**Die Stadt Utrecht ist 2000 Jahre alt und die reiche Historie ist überall zu spüren, nicht nur in den zahlreichen Museen. Die Gegenwart wird ebenso wenig vergessen wie die Vergangenheit.**

Um 47 nach Christus bauen die Römer ein Schloss bzw. Fort, das Traiectum genannt wird, da es an einer Stelle liegt, an der der Rhein überquert werden kann. Traiectum wird später im Niederländischen zu Trecht verändert, das U verweist auf das altniederländische uut, was flussabwärts bedeutet.

Der römisch-katholische Erzbischof und Missionar Willibrord richtet um 695 nach Christus im alten Castellum einen Missionsposten ein und beginnt mit der Christianisierung der Niederlande. Im Jahr 1122 erhält Utrecht Stadtrechte. Bis zum 16. Jahrhundert ist Utrecht die größte und wichtigste Stadt der Niederlande.

Im Jahr 1570 wird mit der Unterzeichnung der Utrechter Union die Republik der Sieben Vereinigten Provinzen eine Tatsache. Die Vereinigten Provinzen umfassen in etwa das Gebiet der heutigen Niederlande und sind im Goldenen Zeitalter eine bedeutende politische und wirtschaftliche (Welt-) Macht. Der Einfall der Franzosen im Jahr 1793-1795 macht dem ein Ende.

Im Jahr 1713 wird der Utrechter Frieden geschlossen, und das ist auch das Ende der über anderthalb Jahrhunderte dauernden Periode von Streitigkeiten und (Religions-) Kriegen, wie dem Spanischen Erbfolgekrieg und Queen Anne's War. Spuren dieser ruhmreichen Vergangenheit sind unter anderem im Museumsviertel, dem Stolz der Utrechter, und im charakteristischen südlichen Teil der historischen Innenstadt zu finden.

*Credits: CU2030.nl*

*Slot Zuylen* liegt an der Vecht in Oud-Zuilen, etwas außerhalb von Utrecht. Dieses mittelalterliche Schloss wurde im 18. Jahrhundert zu einem Landhaus umgestaltet. Die bekannteste Bewohnerin war die Schriftstellerin Belle van Zuylen.

Die Geschichte des *Kasteel Amerongen* geht auf das Jahr 1286 zurück. Im 19. Jahrhundert lässt der Architekt Pierre Cuypers - der Architekt des Rijksmuseum in Amsterdam, aber auch von über 100 Kirchen im Land - das Haus von Grund auf umbauen. Eine kurze Zeit lang wohnt hier der Deutsche Kaiser Wilhelm II., bevor er sich endgültig im Huis Doorn niederlässt.

# Reichtum an Burgen und Schlössern

**Die Provinz Utrecht ist reich an Burgen und Schlössern. Der ehemalige Militärflugplatz Soesterberg und die Verteidigungslinie Grebbelinie erinnern an die militärische Geschichte. Vom Zentrum von Utrecht aus führen schöne Fahrradrouten zu diesen Orten.**

*Kasteel de Haar* **ist das größte und luxuriöseste Schloss der Niederlande. Hier kann man den großen Reichtum des Jetsets am Anfang des 20. Jahrhunderts in seiner ganzen Pracht bewundern.**

*Credits: Kasteel de Haar Utrecht*

## Fürstlich

Der letzte deutsche Kaiser wohnt von 1920 bis 1941 im Exil im *Huis Doorn*. Nach der Niederlage Deutschlands im Ersten Weltkrieg im Jahr 1918 erhält Wilhelm II. politisches Asyl in den neutralen Niederlanden. Das Haus vermittelt einen authentischen Eindruck von der fürstlichen Wohnkultur.

Ein Besuch von Schloss Soestdijk ist ein einzigartiges Erlebnis. Zu sehen sind die repräsentativen Stilräume und einige Privaträume der letzten Bewohner. Außerdem kann man im Palast sehen, wie Prinz Bernhard und Prinzessin Juliana lange Zeit gewohnt haben.

Am 10. Mai 1940 fallen deutsche Truppen in die Niederlande ein. Drei Tage lang sind der *Grebbeberg* und die Umgebung Schauplätze schwerer Gefechte, bei denen über 400 niederländische Soldaten fallen. Damit ist die Schlacht am Grebbeberg die größte und bekannteste Feldschlacht auf niederländischem Boden.

*Credits: R.M. van de Kant*

## Militärisch

Im *Nationaal Militair Museum* (NMM), auf dem Gelände des ehemaligen Fliegerhorsts Soesterberg, werden Geschichte, Gegenwart und Zukunft der niederländischen Streitkräfte lebendig. In diesem interaktiven Museum wird auf beeindruckende Weise die Geschichte der Niederlande und ihrer Armee anschaulich gemacht.

*Credits: Anne Reitsma Fotografie*

Die *Pyramide van Austerlitz* ist die einzige Pyramide auf europäischem Boden. Eine Reliquie aus der Zeit, in der die Niederlande unter französischer Verwaltung große Veränderungen mitmachen mussen.

# Vom höchsten Turm zur unterirdischen Entdeckungsreise

**Der höchste Kirchturm der Niederlande steht in der Stadt Utrecht. Der Turm ist immerhin 112,32 Meter hoch. Die Ersteigung der 465 Stufen lohnt die Mühe: Die Aussicht ist wirklich fantastisch. Wieder unten angekommen fällt die Wahl schwer: In den Untergrund gehen oder shoppen, oder doch beides?**

Der Utrechter Dom wurde ab 1254 als Kathedrale des römisch-katholischen Bistums Utrecht erbaut. Von der Kirche sind nur der Chor, das Querschiff und der Turm erhalten. Trotz des fehlenden Kirchenschiffes - es stürzte bei einem Sturm im Jahr 1674 ein - und den schweren Zerstörungen, die der Übergang zum Protestantismus 1578-1580 mit sich brachte, ist es eines der wichtigsten gotischen Monumente der Niederlande.

## Boutiquen

In Utrecht kann man Shoppen bis zum Umfallen. Vor allem liegt hier das überdachte Einkaufsherz der Niederlande, Hoog Catherijne, und an jeder Ecke und in jeder Straße der Innenstadt liegen trendy Boutiquen, exklusive Geschenkläden, Kunstgalerien und, für den inneren Menschen, zahlreiche moderne Gaststätten.

Und dann gibt es auch noch die Altstadt, mit der Twijnstraat als Tipp. In der ältesten Geschäftsstraße der Stadt liegen einige besondere Boutiquen und Delikatessengeschäfte, die sich bei den Utrechtern großer Beliebtheit erfreuen. Einmal im Monat wird in dieser Straße ein Markt mit Produkten der Region gehalten.

*Credits: Willem Mes*

*Credits: Jurjen Drenth*

## DOMunder

Unter dem Domplein (Domplatz), der Stelle, an der Utrecht gegründet wurde, liegt die touristische Attraktion DOMunder. Mit einer am Eingang übergebenen Taschenlampe gehen Besucher zwischen den riesigen Säulen auf Entdeckungstour durch 2000 Jahre Geschichte der Niederlande und Utrechts. Zu sehen sind unter anderem Mauerreste der römischen Verteidigungsanlage Castellum Traiectum. Der große Sturm von 1674, der das Hauptschiff des Doms zerstörte, kann hier dank moderner Technologie am eigenen Leibe erfahren werden.

*Credits: Mike Bink*

OUDAEN

# Werfkelders - einzigartig auf der Welt

**Die Werfkelders an den Grachten von Utrecht sind einzigartig. Es gibt sie in keiner anderen Stadt der Welt. Sie wurden im zwölften Jahrhundert als Speicher gebaut, aber inzwischen wurden viele Gewölbe zu Restaurants, Boutiquen und Bars umgebaut. Auf den vor den Kellern liegenden Werven (Werften) befinden sich zahlreiche stimmungsvolle Terrassen.**

Um das Jahr 1000 herum werden im blühenden Handels- und Marktort Utrecht die Grachten angelegt, wie Teile der Oudegracht und Kromme Nieuwegracht. Der abgegrabene Boden wird an den Ufern aufgehäuft, sodass die Wohnungen höher liegen. Darunter werden ab 1150, und insbesondere zwischen 1300 und 1500, Gewölbe und *Werven* angelegt, die wie eine zweite Straße auf Wasserniveau Zugang zu den Lagerräumen bieten.

So können die Waren leicht zu Wasser an- und abgefahren werden. Viele Kaufleute, Handwerker und Unternehmen wie eine Bierbrauerei, ein Weinhändler und ein Champignonzüchter nutzen diese Möglichkeit. Das Netzwerk aus *Werven*, Kellern und Brücken bildet mit etwa fünf Kilometern an Innenstadtgrachten einen mittelalterlichen Stadthafen.

An der Oudegracht entwickelt sich nach 1700 das Fassadenbild der *Werfkelders* wie es heute zu sehen ist. Während viele zur Vorderseite noch offen waren, bekommen sie jetzt eine geschlossene Fassade mit Tür- und Fensteröffnungen. Im späten 19. Jahrhundert findet der Verkehr immer mehr zu Land statt und das bedeutet das Ende der ursprünglichen Bestimmung der *Werfkelders*.

In der ersten Hälfte des 20. Jahrhunderts werden die *Werven* und Gewölbe baufällig, weil sie kaum noch benutzt und schlecht gepflegt werden. Im Jahr 1948 beginnen die großen Reparaturarbeiten und Restaurierungen. Die Gemeinde Utrecht übernimmt alle *Werven*, Kaimauern und den größten Teil der Werft-Mauern. Inzwischen wurden die insgesamt 732 *Werfkelders* größtenteils in alter Pracht wiederhergestellt und sind als Nachtlokale, Gaststätten, Ateliers, Wohnräume und teilweise auch wieder als Lagerräume in Gebrauch.

*Credits: Jurjen Drenth*

# Weißes Kaninchen als Topexportprodukt

**Ein niederländisches Spitzenexportprodukt ist, neben Blumen, ein niedliches kleines, weißes Kaninchen, das *Nijntje* heißt (auf dt. Miffy). Jung und Alt auf fünf Kontinenten sind ganz versessen auf die Bilderbücher des Utrechter Zeichners Dick Bruna. In seinem Geburtsort wird Ende 2015 das Nijntje Museum eröffnet.**

In diesem Jahr feiert Nijntje, eine der berühmtesten Kinderbuch-Figuren, auch ihren 60. Geburtstag. Nijntje wird am 21. Juni 1955 während eines Urlaubs 'geboren', als der Grafik Designer Dick Bruna (* Utrecht, 1927) an einem regnerischen Tag das berühmte Kaninchen zum ersten Mal zeichnet, um seinen kleinen Sohn zu amüsieren. Dabei lässt er sich von einem weißen Kaninchen inspirieren, das im Garten des Ferienhauses herumspringt.

Heute werden die Bilderbücher von Miffy in über 50 Sprachen herausgegeben. Weltweit wurden über 85 Millionen Exemplare verkauft. Miffy erscheint auf Produkten, bekommt eine eigene Fernsehserie, ein Musical und einen Film und ist das offizielle Symbol des Auftakts zur Tour de France 2015 in Utrecht.

Miffys anhaltende Anziehungskraft lässt sich größtenteils auf den einfachen, klaren und vertrauten Stil von Brunas Zeichnungen zurückführen, die sowohl bei Erwachsenen als auch bei Kindern beliebt sind. Er verwendet immer wieder die gleichen Farben: Rot, Gelb, Blau und Grün. Die verschiedenen Figuren haben immer einen schwarzen Umriss. Bruna malt mit einem Borstenpinsel, um den Zeichnungen besondere Lebendigkeit zu verleihen.

## Renovierung

Im Dick Bruna-Haus an der Agnietenstraat in der Utrechter Innenstadt werden die Arbeiten des Zeichners und Kinderbuchautoren dauerhaft ausgestellt. Im Juli 2015 findet eine gründliche Renovierung statt. Fünf Monate später, im Dezember, wird das Gebäude unter einem anderen Namen neu eröffnet: Nijntje Museum.

*Credits: Ramon Mosterd*

Credits: Hans Wilschut

Credits: Jurjen Drenth

# Rietveld-Schröder-Haus: Nicht gelebt werden, sondern leben

**Eine Wohnung, in der man selber lebt, nicht gelebt wird. Das ist das Rietveld-Schröder-Haus in der Stadt Utrecht. Ein Meisterwerk des niederländischen Architekten und Möbeldesigners Gerrit Rietveld, das in den Jahren 1923-1924 mit und für Truus Schröder erbaut wurde. Seit 2000 steht das Monument auf der Welt-Erbgutliste der UNESCO.**

Gerard Thomas (Gerrit) Rietveld (Utrecht, 1888-1964) erhält im Jahr 1923 von der gerade verwitweten Truus Schröder den Auftrag, ein geeignetes Haus für sie und ihre drei Kinder zu finden. Das gelingt ihm jedoch nicht. Daraufhin schlägt der Architekt vor, ein ganz neues Haus zu bauen und auch die gesamte Einrichtung selbst zu entwerfen.

Auftraggeber und -nehmer gehen jeder für sich auf die Suche nach einer geeigneten Parzelle. Beide stoßen auf eine Parzelle an der Prins Hendriklaan, in der Nähe des Wilhelminaparks in Utrecht. Da hört die Stadt (damals noch) auf und fängt der Polder an. Nach einem ersten Entwurf von Rietveld, der von Schröder nicht gebilligt wurde, haben die zwei gemeinsam die Vorstellungen Schröders übers Wohnen weiterentwickelt.

Der Kern ist Einfachheit. Nicht gelebt werden, sondern leben: Ein Aspekt davon ist das Gefühl von Freiheit, das Schröder erlebt, wenn sie in ein höheres Stockwerk oder sogar auf den Dachboden hinaufsteigt und damit buchstäblich von dem Irdischen weggeht. Das Wohnzimmer des nach diesem Duo benannten Hauses liegt daher auch nicht im Erdgeschoss, sondern im ersten Stock.

## Stil

Rietveld macht beim Entwurf dankbaren Gebrauch von den Kernaussagen der niederländischen Kunstbewegung De Stijl. Diese einflussreiche Kunstbewegung, zu der neben dem Utrechter Architekten auch der weltberühmte Maler Piet Mondriaan gehört, spielt in der europäischen Avantgarde eine wichtige Rolle.

De Stijl bemüht sich um eine radikale Reform der Kunst, die Schritt hält mit den technischen, wissenschaftlichen und sozialen Veränderungen in der Welt. Diese Reform besteht aus dem Einsatz eines Minimums an Farben und einem möglichst einfachen Design. So entstehen ein Haus und eine Einrichtung, in der Vierecke, Rechtecke, gerade Linien, Weiß, Grau und die Grundfarben den Ton angeben. Rietveld entwirft speziell für dieses Haus den berühmten rot-blauen *Zigzagstoel* (Zickzackstuhl).

Im Laufe der Zeit hat sich am Haus und seiner Umgebung einiges geändert. 1937 wird unter anderem ein zusätzliches Zimmer oben aufs Dach gesetzt. Nach dem Tod Schröders im Jahr 1985 wird das Haus restauriert und in den ursprünglichen Zustand von 1924 zurückversetzt. Das Einzige, das nicht wiederhergestellt werden kann, ist die Aussicht: Direkt vor dem Haus liegt eine Schnellstraße mit einem Viadukt über die Prins Hendriklaan.

Die Wohnung steht jetzt unter der Verwaltung des Centraal Museum, das auch Führungen durch das Gebäude anbietet. Daneben enthält das Museum am Nicolaaskerkhof eine umfangreiche Sammlung alter Meister wie Jan van Scorel und Abraham Bloemaert, moderne und angewandte Kunst und Mode.

Innovative Unternehmen wählen Utrecht Science Park

**Ehrgeizige, innovative Unternehmen wählen immer häufiger den Utrecht Science Park als Standort, wegen des dynamischen Investitionsklimas, der ausgezeichneten Einrichtungen und dem hohem Ausbildungsniveau der Bewohner. Das USP ist das schlagende Herz der wissensbasierten Wirtschaft und, in geographischer Hinsicht, der Niederlande.**

Der Utrecht Science Park liegt in De Uithof an der Ostseite der Stadt Utrecht. Drei große, renommierte Wissenszentren bilden den kräftigen Wissensmotor der USP. Das sind die Universität Utrecht (die 2016 ihr 380-jähriges Jubiläum feiert), das medizinische Zentrum der Universität und die Hochschule Utrecht.

In ihrer Nähe haben sich auch das renommierte Forschungsinstitut TNO und das große technologische Institut für den Bereich Wasser, Boden und Infrastruktur Deltares niedergelassen. Andere 'Nachbarn' sind das Hubrecht Institut für Entwicklungsbiologie und Stammzellenforschung und das niederländische Expertise-Institut für Weltraumforschung SRON. Daneben haben sich einige auf Research & Development spezialisierte Unternehmen hier niedergelassen.

## Wachstum

Das USP hat über 20.000 Mitarbeiter und 50.000 Studenten und bietet zurzeit 2000 Wohnungen mit einer geplanten Erweiterung auf 5000 Wohnungen an. Jährlich erhalten 400.000 Patienten hier eine ärztliche Behandlung. Auf dem über 300 ha großen Gelände befinden sich unter anderem Gaststätten, Geschäfte, Sporteinrichtungen, Kinderbetreuung und die Gesundheitsfürsorge.

International bekannte Architekten wie Rem Koolhaas, NL Architects, Wiel Arets und Eric Egeraat entwarfen die preisgekrönten Gebäude. Das USP hat einen eigenen Central Park: den wunderschönen Botanischen Garten.

Eine inspirierende Umgebung, und dabei in der Nähe der prächtigen historischen Innenstadt von Utrecht mit ihren zahlreichen kulturellen Einrichtungen und gemütlichen Gaststätten . Und außerhalb der Stadt lädt die schöne grüne Umgebung des Utrechtse Heuvelrug zum Wohnen und Entspannen ein. Durch seine zentrale Lage im Land ist das USP mit dem Auto oder öffentlichen Verkehrsmitteln aus allen Richtungen gut erreichbar.

*Credits: Merijn van der Vliet*

Flevoland

PROVINCIE FLEVOLAND

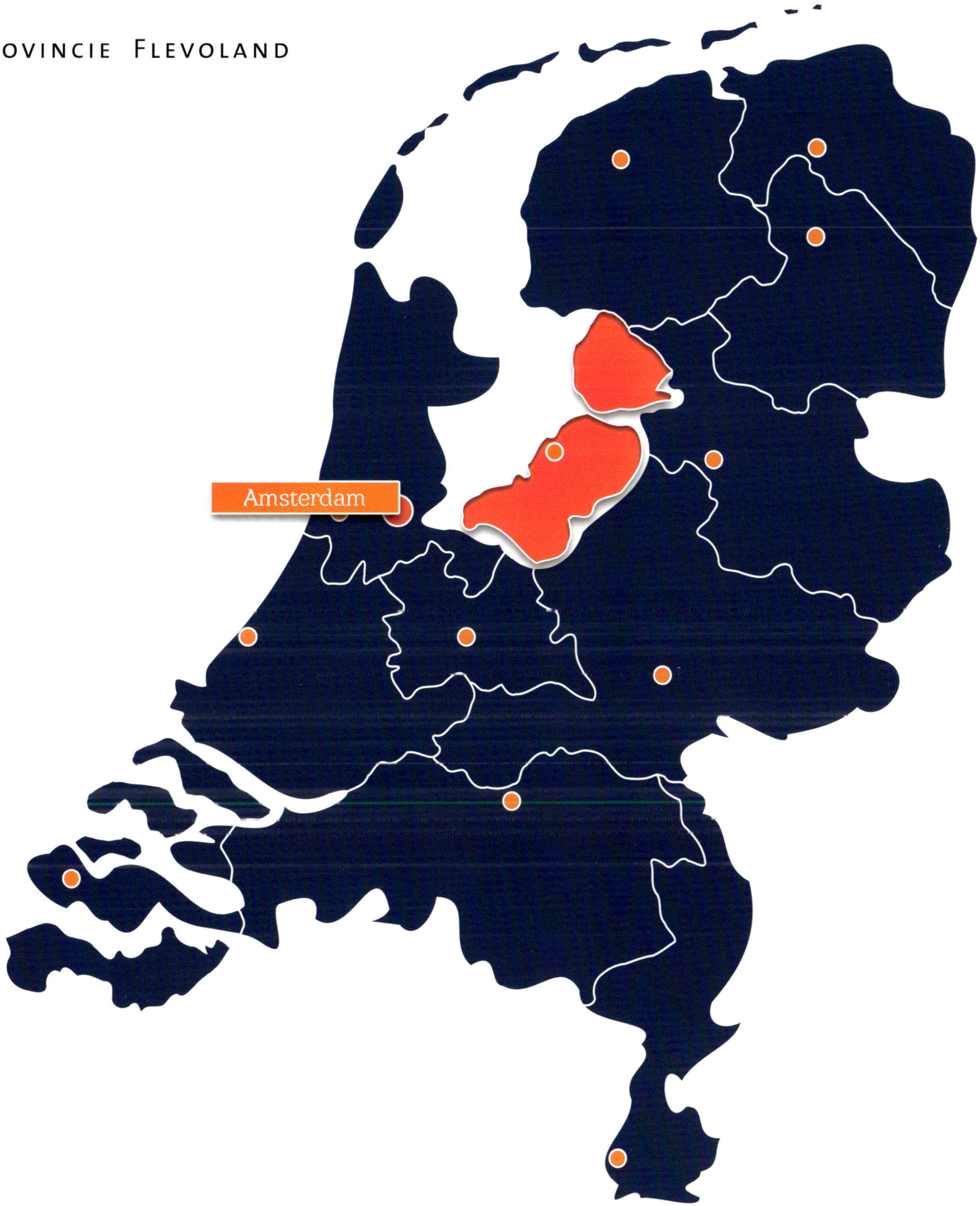

# Der größte Polder der Welt

**Die zwölfte und jüngste Provinz der Niederlande, Flevoland, ist der ultimative Beweis dafür, dass sich der Kampf gegen das Wasser gewinnen lässt. Der größte Polder der Welt, hinter dem schützenden Abschlussdeich, ist bekannt als *Het nieuwe land* (Das neue Land). Obwohl, so richtig neu ist er nicht. Schließlich ist es schon wieder ein Jahrhundert her, dass man mit dem Bau der Zuiderzeewerke begann.**

Die Zuiderzee, mit Inseln wie Wieringen, Marken, Schokland und Urk, ist für Wasserbautechniker seit dem 17. Jahrhundert eine große Herausforderung. Wie gerne würden sie das Meer zähmen und Menschen und Land schützen. Einer von ihnen, Hendric Stevin, hat die revolutionäre Idee, zwischen dem Wattenmeer und der Zuiderzee einen Deich anzulegen, der sich von der Spitze Nordhollands bis zu den Groninger Seedeichen erstreckt.

Bis zur Realisierung dieses Abschlussdeiches vergehen jedoch noch Jahrhunderte. Erst im späten 19. Jahrhundert liegen Pläne vor, die technisch und finanziell machbar sind, wie die des Ingenieurs Cornelis Lely. Die Durchführung nimmt durch die Überschwemmungskatastrophe von 1916, bei der viele Menschen umkommen und große Teile der Zuiderzeeküste überschwemmt werden, sehr rasch konkrete Formen an.

## Zuiderzeegesetz

Später in diesem Jahr reicht Lely seinen Entwurf für das Gesetz zum Abschluss und zur Trockenlegung der Zuiderzee ein. Dieses so genannte Zuiderzeewet wird 1918 verabschiedet. Ein Jahr später wird der 'Dienst de Zuiderzeewerken' errichtet und 1920 beginnt dann doch noch die Einpolderung der Wasserflächen rund um die damalige Insel Wieringen.

Dann kommt die Weltwirtschaftskrise und das Projekt wird auf Eis gelegt. 1927 wird das Projekt wieder fortgesetzt und man beginnt mit dem Bau des Abschlussdeichs, eines 32 km langen Sturmflutdeichs mit einer Autobahn und einem Radweg. Im Jahr 1932, 2 Jahre nach der Trockenlegung des Wieringermeerpolders, wird das letzte Schleusentor (de Vlieter) geschlossen. Die Zuiderzee heißt fortan IJsselmeer.

Das ist der Auftakt für die zwölfte Provinz, Flevoland, die im Jahr 1986 gegründet wird. Das fünf Meter unter dem Meeresspiegel liegende Flevoland besteht aus zwei Poldern, dem Noordoostpolder und dem Flevopolder, und zwei ehemaligen Inseln, Urk und Schokland. Der Noordoostpolder fällt im Jahr 1939 als erster trocken und Urk ist dann keine Insel mehr. Nach dem Zweiten Weltkrieg entstehen die ersten Wohngebiete des Noordoostpolders, unter anderem die heutige Kreisstadt Emmeloord und die ehemalige Insel Marken.

Der Flevopolder, die größte künstliche Insel der Welt, besteht aus zwei Teilen, Östliches und Südliches Flevoland. Das Östliche Flevoland wird zuerst angelegt, mit dem Ziel, das starke Bevölkerungswachstum der Randstad aufzufangen. Dafür müssen Wohnungen gebaut werden, viele Wohnungen. In dem neuen Polder (1957 fertiggestellt) wird ein Viertel der Fläche der landwirtschaftlichen Nutzung entzogen, denn der Noordoostpolder ist für den Wohnungsbau bestimmt. Die wichtigsten Orte des Östlichen Flevoland sind Lelystad, die Provinzhauptstadt, und Dronten.

Im Jahr 1968, elf Jahre nach der Vollendung des östlichen Teils, wird auch die Flagge des Südlichen Flevolands gehisst. Hier ist nur noch die Hälfte des Bodens für die Landwirtschaft bestimmt. Die Kerne sind Zeewolde und Almere, das sich rasend schnell zu einer der größten Städte der Niederlande entwickelt hat.

## Donkervoort

Flevoland hat für niederländische Begriffe zwar so gut wie keine Geschichte, aber dafür gehört der zwölften Provinz die Zukunft. Die Provinz unterstützt innovative Entwicklungen im Bereich der Komposite. Diese Entwicklung steht in Flevoland hoch auf der wirtschaftlichen Agenda. Die Entwicklung von Kompositen soll zu einer nachhaltigen wirtschaftlichen Stärkung und letztlich zur Schaffung von neuen Arbeitsplätzen beitragen.

In Lelystad werden die Sportwagen von Donkervoort hergestellt. Bei den in Handarbeit hergestellten Autos dieses Familienunternehmens, wie dem beliebten D8 GTO, spielen Komposite eine große Rolle. Die Komposit-Abteilung des Unternehmens hat sich innerhalb kurzer Zeit zu einer der wichtigsten und am schnellsten wachsenden Abteilungen von Donkervoort entwickelt.

Auch gibt es Pläne für ein internationales Testzentrum für selbstfahrende Autos in Lelystad. Diese Tests sollen sogar im Verkehr des Gewerbezentrums Airport Garden City und in der direkten Umgebung durchgeführt werden. So kann Fahren in einer städtischen Umgebung und auf Straßen mit Fahrspuren in jede Richtung kontrolliert getestet werden.

Flevoland setzt auf kohlenstoffarme Wirtschaft: mehr nachhaltige Energie, zum Beispiel durch Windräder. Die Verwendung von Biomasse als Energiequelle passt zum ländlichen Charakter der Provinz Flevoland und für Restprodukte der Bio-Energie (zum Beispiel Biogas) können wieder neue Anwendungsmöglichkeiten erdacht werden.

Credits: Ignas van Schaik

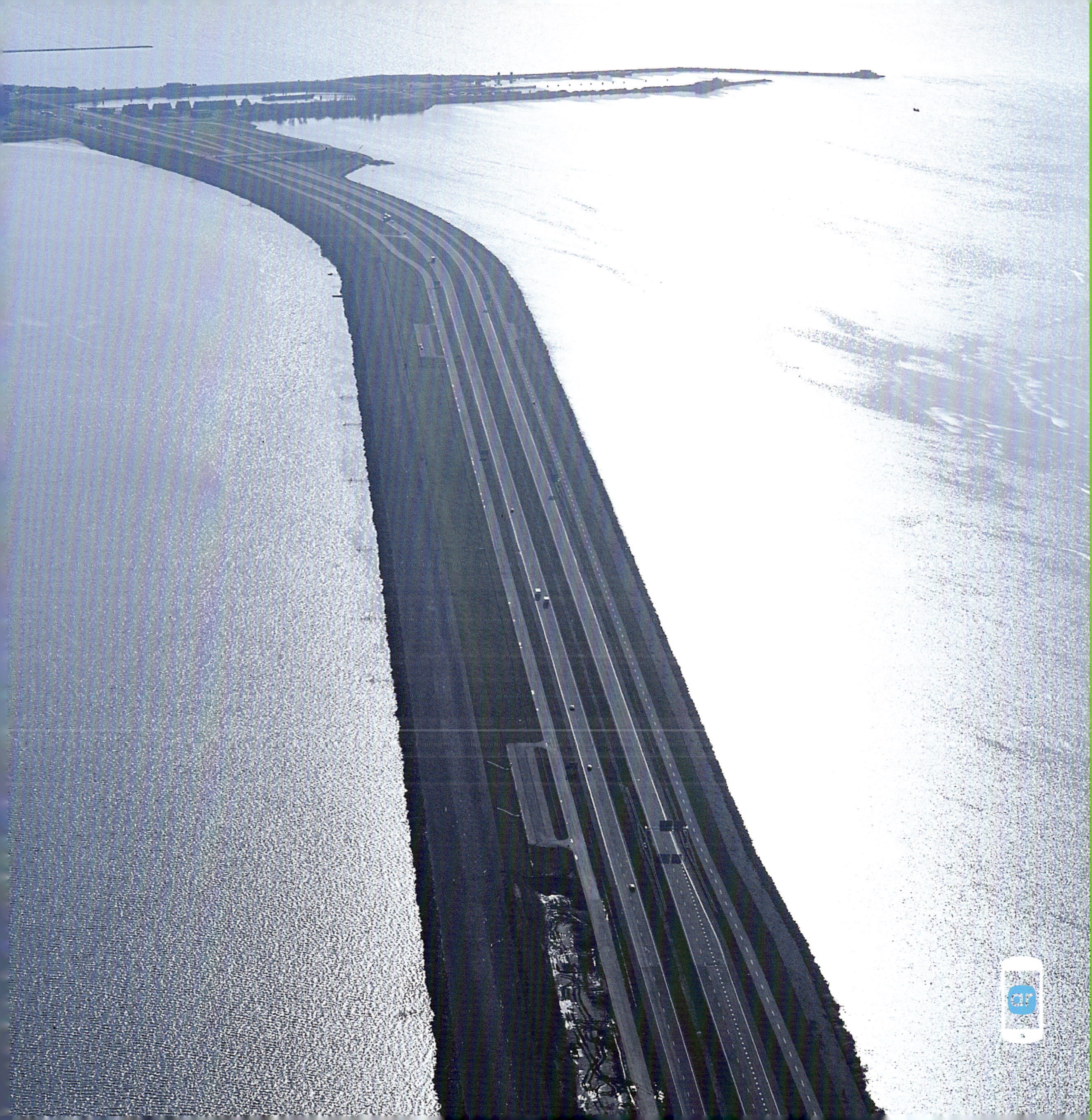

# Friesland

provincie fryslân

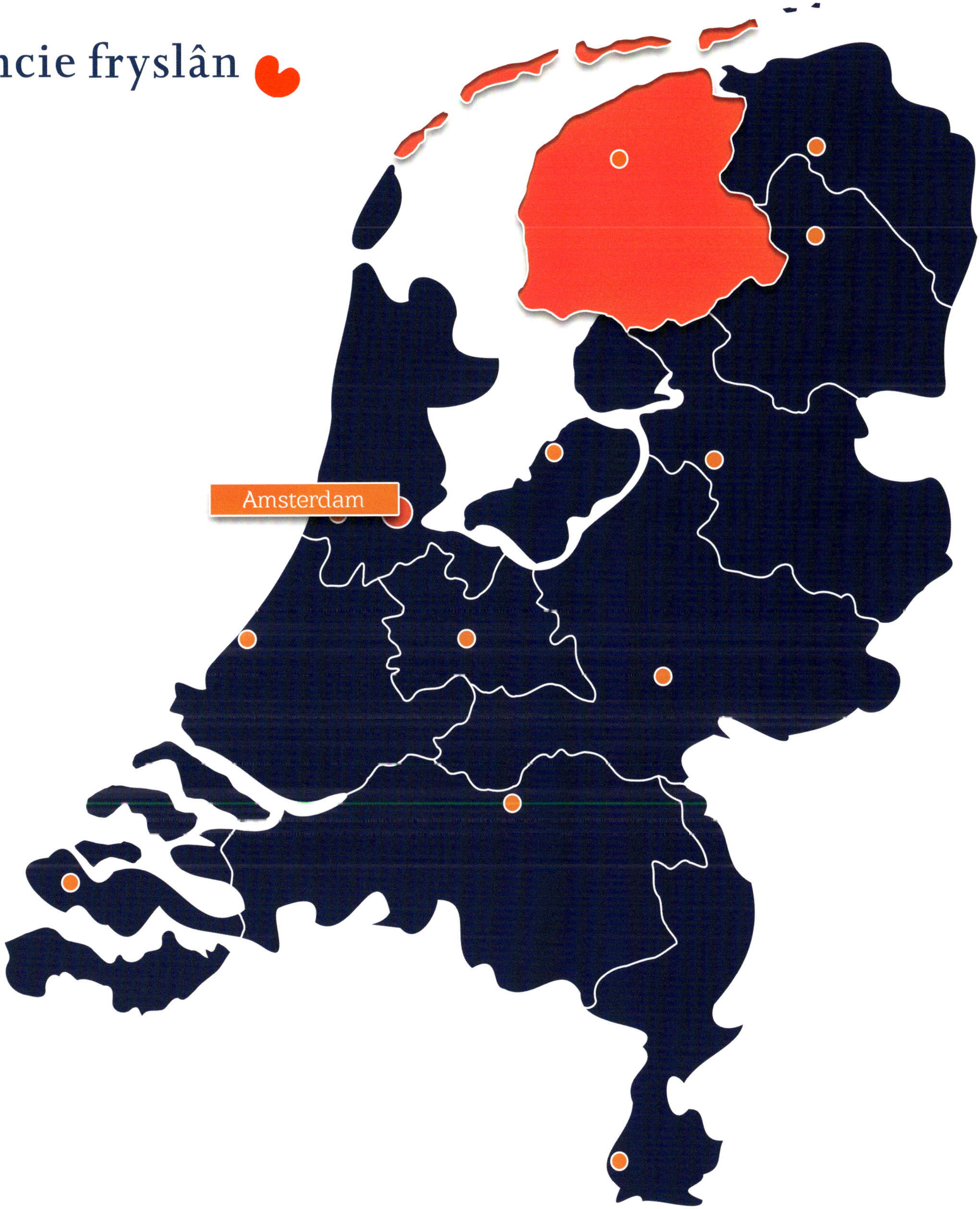

# Die Anziehungskraft der elf Städte

**Fryslân Topattractie soll aus der nördlichsten Provinz ein touristisches Topgebiet in Nordwest-Europa machen. Dieses gemeinsame Projekt von der Provinz, Unternehmern, kommunalen Behörden und Bildungsinstituten hat unter anderem die Stärkung der Anziehungskraft der elf Städte zum Ziel.**

Viele träumen schon seit Jahren von einer *Elfstedentocht* (Elfstädtetour), fast 200 Kilometer Schlittschuhlaufen über Natureis an friesischen Städten entlang. Leider spielt das Wetter nicht immer mit und diese *Tocht der Tochten* (Tour der Touren) kann in vielen Jahren nicht stattfinden. Glücklicherweise lässt sich die Route auch mit Rad, Boot oder Auto zurücklegen.

Jede Stadt hat ihren eigenen Charme. **Sneek** hat beispielsweise viele Denkmäler und historische Gebäude, wie die Waterpoort, das Rathaus und die Martinikirche mit dem Grab des berühmten friesischen Freiheitskämpfers Grutte Pier. Innerhalb des Grachtengürtels von Sneek liegt das gemütliche Zentrum mit Restaurants, Cafés und Diskotheken.

In der Hafenstadt **Harlingen** fahren die Fähren nach Terschelling und Vlieland ab. Aber es lässt sich hier auch wunderbar über die Wattenpromenade flanieren und die Aussicht auf das Wattenmeer und die vorbeifahrenden Schiffe und Boote genießen. In der wunderschönen Innenstadt liegen Grachten, historische Bauwerke, große Lagerhäuser, Cafés, Gaststätten und Restaurants.

**Stavoren** ist in der Wassersportsaison das Eingangstor zum südwestlichsten Zipfel Frieslands. Die J.W. Frisosluis (Schleuse) ist einer der wichtigsten Zugänge vom IJsselmeer zu den Friese Meren (friesische Seen). Der Hafen ist Ausgangspunkt für eine Tour mit einem Schiff der bruine vloot (braune Flotte). Für Landratten: Das ist die professionelle Charterfahrt mit traditionellen Segel- und Motorschiffen.

Die alte Innenstadt von **Workum** lädt zu einer Wanderung ein. Im historischen Rathaus kann man 'It Kasjot' besichtigen, eine Holzzelle, in der früher Landstreicher, Trunkenbolde und Kriminelle eingeschlossen wurden. Auf dem Platz Merk lässt es sich im Sommer herrlich in einem der vielen Straßencafés verweilen. Besucher Workums sollten sich das Jopie Huisman Museum auf keinen Fall entgehen lassen. Dieser friesische Alteisen- und Lumpenhändler zeichnete und malte seine Handelsware. So schuf er Stillleben mit einer menschlichen Geschichte.

Dokkum
Franeker
Harlingen
Leeuwarden
Bolsward
Sneek
IJlst
Workum
Hindeloopen
Sloten
Stavoren

**Dokkum** ist ein Pilgerort. In diesem Ort wurde 754 der Missionar Bonifatius ermordet. Dieser heiliggesprochene Kirchenreformer hatte der Legende zufolge die inzwischen weltberühmte Bonifatiusquelle entdeckt und gesegnet. Daraufhin floss daraus sauberes, süßes Wasser, während das Wasser in der Umgebung salzig und bitter war. Manche glauben, dass sein Geist immer noch hier umgeht und man sagt dem Wasser inzwischen auch eine heilkräftige Wirkung nach.

Holzbrücken, charakteristische Fassaden und schmale Gassen. **Hindeloopen** mit seinem Jachthafen und Strand und einem klassischen Pavillongebäude am Seedeich erfreut sich bei Touristen großer Beliebtheit. In dem Städtchen gibt es immer noch einige Kapitänshäuser mit einem kleinen Anker an der Fassade. Das war früher das Zeichen, dass der Kapitän zu Hause war. Im Sommer, als der Kapitän auf dem Meer war, wohnten die Frauen mit den Kindern in einem kleineren Häuschen, das hinten im Garten an einer Gracht lag.

**Sloten** ist mit nur etwa 900 Einwohnern die kleinste der elf Städte. Die Mauern, Wälle, Grachten und Stadttore, die die Stadt im Mittelalter unbezwingbar machen sollten, sind alle noch erhalten. Alle vorbeikommenden Schiffe mussten in Sloten Zoll zahlen. Die günstige Lage brachte viel Geld in die Kasse. Dieser frühere Reichtum lässt sich heute noch gut an den Kaufmannswohnungen mit prächtigen Fassaden und dem ehemaligen Rathaus erkennen, in dem heute ein Museum untergebracht ist.

**Bolsward** ist die Hansestadt Frieslands, mit dem berühmten Rathaus, aber vor allem auch der Martinkiriche. Diese Kirche, die 'Kathedrale des Nordens', enthält prachtvolles Chorgestühl mit üppigen Schnitzereien. Die Ruine der Broerekerk

(Brüderkirche) hat eine schwebende Glaskuppel. Somit ist das älteste Gebäude der Stadt geräumig, hell und stimmungsvoll und bildet ein einzigartiges Ambiente für allerlei Zusammenkünfte. Bolsward ist der Start- und Endpunkt der Elfstedentocht mit dem Rad.

Wer durch das lange schmale Zentrum von **IJlst** wandert, wird sich gleich in die zwei kleinen Grachten verlieben. Achten Sie auch auf die Bleken (Bleichen), ans Wasser grenzende Gärten, die nur durch einen Weg von den nahe gelegenen Häusern getrennt werden. Früher wurde hier die Wäsche gebleicht. Die Gärten sind immer noch in Privatbesitz. Besonders sehenswert ist auch die Holzsägemühle De Rat.

Die zweitälteste Universität, das älteste Studentenlokal und das älteste Planetarium, das noch in Betrieb ist, befinden sich alle in **Franeker**. Das Planetarium, Koninklijk Museum Eijse, hat eine umfangreiche Sammlung historischer astronomischer Instrumente. Die Universität von Franeker gibt es nicht mehr. Dennoch herrscht in den Straßen immer noch eine studentische Atmosphäre. Wandern Sie an den Professorenhäusern vorbei und trinken Sie ein Bierchen im ältesten Studentenlokal, Bogt van Guné.

**Leeuwarden** wird 2018 die Kulturhauptstadt Europas sein. In diesem Jahr werden 4 Millionen zusätzliche Besucher in Fryslân erwartet. Um alle nationalen und internationalen Gäste gastfreundlich  empfangen zu können, wird die Provinz mit dem Programm Hospitality 2018 darauf vorbereitet. In der Hauptstadt der Provinz Friesland hat die vermeintliche Spionin und Tänzerin Mata Hari ihre Jugend verbracht und es ist auch der Geburtsort des Künstlers Maurits Cornelis Escher. Seine Holzschnitte, Gravuren und Lithographien, in denen er mit mathematischen Prinzipen spielt, sind weltberühmt.

# Ungeahnte Wassersportmöglichkeiten in Fryslân

**Friesland/Fryslân* ist ein beliebtes Ziel für einen Bootsurlaub und Wassersport. Diese Provinz mit ihren zahlreichen kleineren und größeren Seen, die über Kanäle miteinander verbunden sind, bietet unglaublich viele Wassersportmöglichkeiten. Die Ruhe und Natur setzen dem Ganzen das Sahnehäubchen auf.**

Zum friesischen Seengebiet gehören etwa 35 Seen. Die bekanntesten sind Eeltjemeer/Eeltsjemar, Heegermeer/Hegemer Mar, Lauwersmeer, Pikmeer/Pikmar, Sneekermeer/Snitser Mar und Tjeukemeer/Tsjûkemar. In den letzten Jahren sind neue Fahrrouten und -gebiete, mit neuen Aquädukten, Brücken, Schleusen und Häfen dazugekommen. Das bedeutet kürzere Wartezeiten vor Brücken und Schleusen. Es gibt im Seengebiet etwa 220 Yachthäfen.

Der Marrekrite, ein Kooperationsverbund zwischen der Provinz und den 25 friesischen Gemeinden, verwaltet über 3500 Anlegestellen, von denen 550 besonders schön sind. Das Ziel der Marrekrite ist die Schaffung eines Gleichgewichts zwischen Erholung auf und an den friesischen Gewässern und dem Schutz von Landschaft und Natur. Die Marrekrite sorgt beispielsweise für die Müllentsorgung, Baggerarbeiten, für die Erreichbarkeit der Stege und die Pflege der verschiedenen Einrichtungen für Surfer und Kanufahrer.

Zwischen all den Gewässern liegen zwei nationale Landschaften, Zuidwest Frylsân und die Noardlike Fryske Wâldenm, und vier Nationalparks: Lauwersmeer, Schiermonnikoog, Drents-Friese Wold und De Alde Feanen. Viele touristische Dörfer sind durch die Anlage von Umgehungsstraßen und Aquädukten verkehrsberuhigte Zonen geworden. Automobilisten in Fryslân profitieren von einem besseren Verkehrsfluss. Und offensichtlich ist die bessere Erreichbarkeit dieser Wassersportdörfer auch für die Einwohner eine große Verbesserung.

*Niederländisch/Friesisch

# Einheit in Vielfalt - das zeichnet die fünf Westfriesischen Inseln aus

**Ruhe, Natur, Strand, Meer, Urlaub. Fünf Wörter, die auf alle fünf Westfriesischen Inseln zutreffen. Aber Texel, Vlieland, Terschelling, Ameland und Schiermonnikoog haben auch alle ihre eigene Atmosphäre und ihren eigenen Charakter bewahrt. Dank ihrer Einheit in Vielfalt sind die niederländischen Inseln ein beliebtes Reiseziel für Touristen aus dem In- und Ausland.**

Wo die Niederlande im Norden ins Meer übergehen, liegt das Wattenmeer; bei Ebbe fällt es zum größten Teil trocken und ist deshalb ein sehr beliebtes Nahrungsgebiet für Vögel. Aber auch Fische und Seehunde fühlen sich in dem seichten Wasser wohl, das sich im Sommer schnell erwärmt. Einen beachtlichen Teil des Jahres verbringen sie in Gesellschaft menschlicher Urlauber.

Diese kommen in Scharen auf die Fähren, um die Natur, die wunderschöne Flora und Fauna, die ruhigen und offenen Gebiete, den Strand und die Dünen zu genießen. Aber auch wegen des attraktiven Angebots an Kultur, Nachtleben, Gaststätten, (Wasser-) Sport und gemütlicher Dörfer und Dörfchen.

Es gibt zwischen den Inseln ebenso viele Übereinstimmungen wie Unterschiede. Die größte Insel, Texel, gehört zum Beispiel zur Provinz Nord-Holland, während Vlieland, Terschelling, Ameland und Schiermonnikoog zur Provinz Friesland gehören. Wir stellen sie Ihnen - auf der Karte von links nach rechts - der Reihe nach vor:

## Texel

Von Den Helder braucht die Fähre 20 Minuten nach Texel. Mit ihrem 30 Kilometer langen Sandstrand lockt die nordholländische Westfriesische Insel jährlich zahlreiche einheimische und deutsche Urlauber an. In den sieben Dörfern mit dem Hauptort Den Burg, ihrer Umgebung, sowie in Naturgebieten wie dem Nationalpark 'Duinen van Texel' gibt es ein großes Angebot an Ferienhäusern, Hotels und Campingplätzen.

Texels Sehenswürdigkeiten sind die vielen Tausende von Schafen, der knallrote Leuchtturm am nördlichsten Punkt der Insel, der Besuchern eine fantastische Aussicht auf ein großes Gebiet eröffnet, einschließlich der Nachbarinsel Vlieland, und nicht zuletzt die Seehund- und Vogelauffangstation mit dem angeschlossenen Naturmuseum Ecomare. Hier können Besucher jeden Tag die Fütterung der Gemeinen und Grauen Seehunde und Braunfische beobachten, die wegen einer Krankheit oder Verletzung hier gepflegt werden, bis sie wieder gesund sind und im Meer ausgesetzt werden können.

## Vlieland

Vlieland liegt von den fünf Inseln am weitesten vom Festland entfernt. Hier herrscht eine unbeschreibliche Ruhe. Das einzige Dorf, Oost-Vlieland, liegt in einer sehr waldreichen Umgebung. Die erste Westfriesische Insel ist nur 2 km breit. Auffälligster Punkt ist die 40 m hohe Vuurboetsdüne mit einem roten Leuchtturm auf der Spitze.

Das Museum Tromp's Huys gibt einen guten Eindruck von der historischen und maritimen Vergangenheit Vlielands. Vliehors Expres ist eine Safari über die Sandflächen in einem umgebauten Militärjeep. Und wer Seehunde in ihrem eigenen Biotop aus der Nähe beobachten möchte, kann eine Bootsfahrt auf dem Wattenmeer buchen. Die typische kulinarische Spezialität der Insel sind Cranberries. Sie werden in fast jedem Gericht verwendet.

## Terschelling

Ohne die anderen Höhepunkte Terschellings zu vernachlässigen, ist der Brandaris-Turm zweifellos *das* Symbol der zweitgroßten Westfriesischen Insel. Der älteste Leuchtturm der Niederlande stammt von 1594. Touristen bewundern die einzigartigen Pflanzensorten, Schmetterlinge und Vogelkolonien im Naturgebiet de Boschplaat oder wagen sich an eine Wattwanderung, um den Einfluss von Ebbe und Flut zu entdecken.

Terschelling erfreut sich bei den verschiedensten Künstlern großer Beliebtheit. So gibt es hier zahlreiche Galerien und Ausstellungsräume, sowie ein reichhaltiges Angebot an Restaurants und Entertainment. Während des Oerol Festivals wird diese Westfriesische Insel jedes Jahr im Juni zu einem großen Podium, mit zehn Tagen voll mit Bildender Kunst, Musik, Theater und Tanz. Die Veranstaltungen werden eigens für besondere Stellen auf der Insel gemacht oder daran angepasst.

## Ameland

Für Sportangler ist Ameland ein ideales Revier für den Makrelenfang. Andere verbringen ihren Urlaub gerne auf dieser Westfriesischen Insel wegen der Ruhe, sowie der Flora und Fauna in den Naturgebieten De Hôn und Het Oerd.

Alle loben die kulinarischen Spezialitäten der Insel, wie Roggenbrot, Bauernkäse, Senf und Wels. Und dazu gibt es natürlich ein Nobeltje, ein Gläschen ursprünglichen Amelander Likör, der nach einer Traktorfahrt über den Strand mit dem Beach Express besonders gut mundet. Sehenswürdigkeiten der Insel sind unter anderem das Pferderettungsboot (monatliche Vorführungen), die Oerdblinkert, eine 24 Meter hohe Düne, die zu einer anspruchsvollen Kletterpartie einlädt und die Kommandeurshäuser, die ältesten Häuser der Insel, die größtenteils zwischen 1650 und 1800 gebaut wurden.

## Schiermonnikoog

Schiermonnikoog ist die kleinste der fünf Inseln. Und so heißt auch das einzige Dorf in diesem Nationalpark, mit seiner großen Vielfalt an Flora, Fauna und Landschaften: Dünen, Wälder, Watt und Polder. Schiermonnikoog lockt jährlich etwa 300.000 Besucher an, unter anderem durch den breitesten Strand Europas, 30 Kilometer Radwege und die Wattwanderungen durch die Naturgebiete Rif und Engelsmanplaat. Auch Klozum, ein Trachtenfestival im Dezember, zieht viele Besucher an.

Zum Schluss: Bei einem so großen und vielfältigen Angebot fällt die Wahl schwer. In dem Fall bietet sich Inselhoppen an. Die guten Fährverbindungen machen es möglich, alle fünf Inseln nacheinander zu besuchen.

# Es geht nichts über Groningen

**Im Norden der Niederlande, im Osten der wasserreichen Provinz Friesland und südlich des von der Unesco geschützten Wattenmeeres, liegt Groningen. Die Provinz und ihre Hauptstadt tragen zwar den gleichen Namen, sind jedoch völlig verschieden. Groningen ist eine lebhafte Studentenstadt. Die niederländische Stadt mit der jüngsten Bevölkerung hat eine lange, bewegte Geschichte, wie sich an den historischen Lagerhäusern, Höfen und Gebäuden sehen lässt. Groningen ist auch eine Stadt mit Pepp · denn innerhalb ihrer Grenzen steht hochmoderne Architektur.**

Die Innenstadt Groningens, wurde schon einmal zur besten Innenstadt des Landes gewählt, weil es sich dort so herrlich verweilen lässt. Vor kurzem ging aus einer Untersuchung der Europäischen Kommission hervor, dass die Groninger zu den glücklichsten Einwohnern aus 71 europäischen Städten zählen. Groningen hat zahlreiche Museen, Galerien, Theater und Festivals mit nationalen und internationalen Künstlern.

Auf den Terrassen mit Aussicht auf alte und ganz neue Architektur können Sie sich vom Bummel durch das vielseitige Angebot an Geschäften erholen. Auch der Besuch eines der Höfe, Theater oder Parks bietet sich an. In Groningen ist die Natur immer nahe. Außer der Stadt Groningen hat die Provinz noch viel mehr zu bieten: einen besonderen Nationalpark, das Weltnaturerbe Wattenmeer und viele historische Burgen machen die Provinz zu einem Ort, in dem man tagelang umherstreifen könnte.

ER GAAT NIETS BOVEN
**GRONINGEN**

*Prinsentuin Groningen, mit dem Martiniturm*

*Eurosonic Noorderslag Festival, januari*

# Festival- und Popstadt der Niederlande

**Das Groninger Nachtleben ist so quicklebendig wie nirgendwo sonst. Aber das ist jedem bekannt, der schon mal eine Nacht im Zentrum der größten Stadt im Norden der Niederlande verbracht hat.**

Wie könnte es auch anders sein, mit der extrem späten oder sogar ohne Sperrstunde, mit über 55.000 Studenten und Straßen voller Kneipen und Diskotheken. Neben dem Nightlife werden im Laufe des Jahres auch zahlreiche Festivals und Veranstaltungen organisiert, auf denen man sich vergnügen kann. Gleich zu Beginn des neuen Jahres findet die Eurosonic Noorderslag statt. Die Stadt verwandelt sich drei Tage lang in ein großes Podium mit hunderten von Bands und Auftritten. Dieses Showcase Festival ist die beste Gelegenheit, Künstler zu sehen, die man vielleicht später im Jahr auf einem Festival wiedersehen kann. Im August wird das Noorderzon Festival veranstaltet: Ein großes Sommerfest mit Theater, Tanz, Musik, Essen und Trinken in dem malerischen und frei zugänglichen Noorderplantsoen Park.

*Noorderzon Performing Arts Festival in het Noorderplantsoen, augustus*

*Eurosonic Noorderslag Festival, januari*

*Noorderzon Performing Arts Festival in het Noorderplantsoen, augustus*

# Groninger Museum

**Majestätisch wie ein Schiff spiegelt sich das Groninger Museum im Wasser. Ein beeindruckendes Spiel mit auffälligen Farben, Formen und Materialien und als Blickfang in der Mitte ein goldener Turm.**

Das Gebäude wurde vom Architekten Alessandro Mendini in Zusammenarbeit mit den Gastarchitekten Michele de Lucchi, Philippe Starck und Coop Himmelb(l)au entworfen.

Ein Besuch des Groninger Museums ist ein echtes Erlebnis. Das Gebäude mit internationalem Flair, die aufsehenerregenden Ausstellungen, das Restaurant und das Geschäft mit einem gehobenen Angebot: Das sollte man wirklich gesehen haben. Im Jahr 2014 feierte das Groninger Museum sein zwanzigjähriges Jubiläum.

Zwanzig Jahre, in denen das Gebäude unauflöslich mit dem Zugang zur Stadt verbunden ist, jedenfalls für Bahnreisende, die täglich in großen Mengen über die farbenreiche Museumsbrücke in die Stadt hineinkommen. Andreas Blühm, Direktor des Groninger Museums, war bei der Eröffnung 1994 anwesend. Damals noch als Leiter der Präsentationen des Van Gogh Museums. 'Ich erinnere mich, dass ich mit einer Gruppe von Amsterdamer Kulturbeauftragter im Zug Richtung Norden saß, um der Öffnung beizuwohnen. Das allgemeine Gefühl war, dass die Groninger wohl nicht ganz richtig ticken. Wer würde ein so verrücktes Gebäude in fünf Jahren noch sehen wollen?'

Inzwischen hat das Gebäude seine Qualität bewiesen. Noch besser: Es hat nichts von seiner Anziehungskraft verloren. Im Museum werden verschiedene Ausstellungen gezeigt, von holländischen Meistern bis zu chinesischem Porzellan und von Mode-Ausstellungen bis zu David Bowie.

*Groninger Museum*

# Nationalpark Lauwersmeer – *Zu jeder Jahreszeit ein Genuss*

**Um eine Wildnis zu erkunden, braucht man die Niederlande nicht zu verlassen. Denn in den Niederlanden selber, genauer gesagt in der Provinz Groningen, liegt der Nationalpark Lauwersmeer.**

Er entstand, als die ehemalige Lauwerszee 1969 durch einen Deich vom Wattenmeer getrennt wurde. In bemerkenswert kurzer Zeit entstand zwischen dem Seedeich ein 5500 ha großes, einzigartiges Naturgebiet mit einer üppigen, abwechslungsreichen Vegetation, was wiederum - denn das passiert, wenn man der Natur freie Hand lässt - eine reiche Fauna hervorbrachte.

An den vielen Muscheln in den Maulwurfshügeln und am salzliebenden Queller kann man noch erkennen, dass man über ehemaligen Meeresboden geht. Aber ansonsten gehört die oft wilde Lauwerszee, die Domäne der Garnelenfischer, der Vergangenheit an.

Wenn Sie einen Vogelbeobachter oder Biologen nach dem Lauwersmeer-Gebiet fragen, werden Sie merken, dass er sich sofort begeistert. Und das beschränkt sich nicht auf das Lauwersmeer. Denn gleich hinter dem Seedeich liegt das Wattenmeer, unter anderem Heimat von Seehunden, und eine 40-minütige Bootsfahrt weiter liegt der Nationalpark Schiermonnikoog.

*Gänse über dem Nationalpark Lauwersmeer*

*Der Hafen von Lauwersoog, nördlich des Nationalparks Lauwersmeer*

*Der Hafen von Zoutkamp, östlich des Nationalparks Lauwersmeer*

# Festung Bourtange: oft belagert, nie erobert

**Im Freiluftmuseum Bourtange bilden Gegenwart und Geschichte eine gute Symbiose. Diese kleine, stimmungsvolle Festungsstadt in der Region Westerwolde im Südosten der Provinz Groningen wurde oft belagert, jedoch nie erobert.**

Im Jahr 1580 erteilt Wilhelm I. von Oranien-Nassau den Auftrag zum Bau eines Forts an der Grenze zum heutigen Deutschland. Von 1593 bis 1851 ist Bourtange eine wichtige Festung. Höhepunkt ist das Jahr 1672, als die Groninger der Belagerung des Fürstbischofs von Münster, Bernhard von Galen, alias Bommen Berend (Kanonen-Bernhard) standhalten. Dieser so genannte Gronings Ontzet (Groninger Entsatz) wird jedes Jahr gefeiert.

1742 erreicht die Festung Bourtange ihre größte Ausdehnung. Nach ihrer Auflösung im Jahr 1851 wird sie ein Bauerndorf, die meisten Gebäude werden zerstört. Zwischen 1967 und 1992 wird die Festung rekonstruiert. Wälle werden neu aufgeworfen, Grachten gegraben und Baracken für die Soldaten gebaut. Besucher des heutigen Bourtange können eine Festung besichtigen, die niemals eingenommen wurde.

## Kanonen

Zu sehen sind unter anderen Kanonen, Pulvermagazine, Bastionen und das Innere eines Offiziershauses. Diese im Jahr 1661 erbaute Kapitänswohnung bietet ein realistisches Bild des Lebens in dieser früheren Festung. Eine der Baracken ist als Soldatenunterkunft wieder so eingerichtet, wie sie anno 1742 aussah. Es gibt auch noch das Museum 'De Baracquen', in dem Fundstücke aus der Festung gezeigt werden.

In der im März 2015 eröffneten interaktiven Attraktion Terra Mora stehen Kultur und der naturhistorische Wert der Festung und des umliegenden Naturgebietes im Mittelpunkt. In der Batterijenstraat befindet sich eine ehemalige Synagoge aus dem Jahr 1842, die heute ein Museum ist.

# Drenthe

# Drenthe

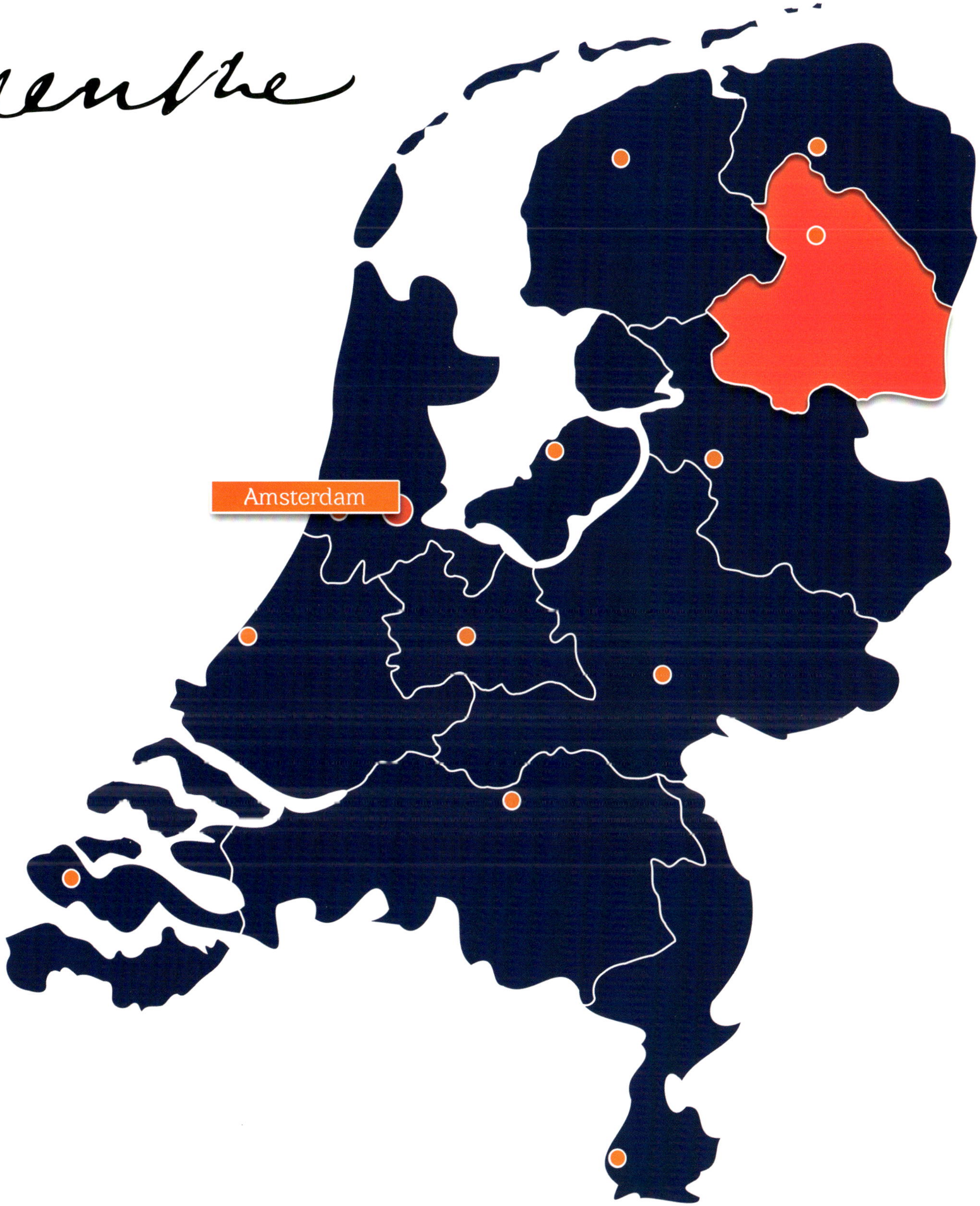

# Drenthe - die Fahrradprovinz der Niederlande

**Drenthe hat Tausende von Kilometern an Wander-, Reit- und Radwegen. Damit ist Drenthe die Fahrradprovinz der Niederlande. Kinder fühlen sich in Drenthe wie zu Hause, ganz gleich, ob sie Achterbahnen oder wilde Tiere lieben.**

Auch die Natur ist ein großer Spielplatz mit Wäldern, Sandspielplätzen und herrlichen Badeseen. Eltern und Großeltern können sich an dem kulturellen Erbgut freuen. Von historischen Monumenten und Hünenbetten bis hin zu interessanten Museen. Und schließlich kann man in Drenthe auch schöne Veranstaltungen genießen, die an einzigartigen Orten inmitten der Natur stattfinden.

Drenthe

# Drei Nationalparks

**Drenthe hat bemerkenswert viele große, zusammenhängende Naturgebiete, in denen man endlos Rad fahren, wandern oder reiten kann. Es gibt hier immerhin drei Nationalparks:** Dwingelderveld, Drents Friese Wold und Drentsche Aa.

Dwingelderveld ist ein feuchtes, wunderbar lilafarbenes, etwa 4000 Hektar großes Heidegebiet. Im August zeigt es sich von seiner schönsten Seite.

Der Drents-Friese Wold ist mit seinen 6000 Hektar eines der größten Naturgebiete der Niederlande. Es hat eine überraschende Vielfalt an Wald- und Flugsandgebieten, Moorgebieten mit Moorseen, hügeligen Dünen und weiten Wälder, sodass die bewohnte Welt weit weg erscheint. Der Drents Friese Wold wurde zum 'Natura2000'-Gebiet ernannt, und gehört somit zu den schönsten und wichtigsten Naturgebieten Europas.

Der Nationalpark Nationaal *Beek- en Esdorpenlandschap Drentsche Aa* besteht aus einer für die Niederlande ausgesprochen ursprünglich erhaltenen Landschaft. Da Bauern hier im Laufe von 1000 Jahren einen großen Reichtum an Natur schufen, entstand eine liebliche und übersichtliche Kulturlandschaft, in der die Vorgeschichte noch spürbar ist. Die Drentsche Aa selbst ist mehr als nur ein kleiner Fluss: Es ist ein System von Bächen mit verschiedenen Wasserläufen. Ein wahres Paradies für Radfahrer.

# Die ältesten Monumente des Landes

**Hunebedden zijn de oudste monumenten van Nederland, ze zijn meer dan 5000 jaar Hünenbetten sind mit über 5000 Jahren die ältesten Monumente der Niederlande. So gut wie alle Hünenbetten in den Niederlanden liegen in Drenthe.**

Das Trichterbechervolk verwendete riesengroße Felsblöcke, um Grabkammern zu bauen, die heute als Hünenbetten bekannt sind. Das größte Hünenbett der Niederlande befindet sich in Borger. Hier steht man der Vorgeschichte Auge in Auge gegenüber. Im Hünenbettzentrum wird die Geschichte dieser mysteriösen Gräber und der Menschen erzählt, die sie bauten. Man kann hier allerlei Informationen über die Zeit der Hünenbetten und das Leben des Trichterbechervolkes bekommen.

## Vincent van Gogh in Drenthe

**Sogar Vincent van Gogh ließ sich von der Landschaft und Natur Drenthes inspirieren.**

Er zog 1883 nach Drenthe und studierte dort die Landschaft und das Bauernleben. In Briefen an seinen Bruder beschrieb er die Schönheit der Drenther Landschaft und was er dort alles erlebte.

Das bekannteste Werk von Van Gogh aus Drenthe ist die 'Zugbrücke in Nieuw-Amsterdam'. Einige der wunderschönen malerischen Orte aus seinen Gemälden gibt es immer noch. Im Van Gogh Haus können Besucher erleben, wie Vincent van Gogh in Drenthe lebte, und im Veenpark werden Van Goghs Werke wieder lebendig.

## Geopark

Das Hondsruggebied (der niederländische Hunsrück) in Drenthe ist der erste Geopark der Niederlande und erstreckt sich über die ganze Ostseite der Provinz.

Der niederländische Hunsrück ist schon seit Jahrtausenden besiedelt. Durch die Verbindung der einzigartigen Geologie, der besonderen Landschaft und des auffälligen Einflusses, den der Mensch darauf ausübte, hat das Gebiet den Status eines Geoparks durchaus verdient. Im Geopark gibt es einige beeindruckende alte Wälder mit hohen Eichen und Buchen: die beeindruckenden Strubbenbossen.

Das Gebiet wurde zum größten Teil im Laufe von drei Eiszeiten geformt. Davon haben insbesondere die letzten zwei Eiszeiten eine große Rolle gespielt. Aus wissenschaftlicher Sicht ist diese geologische Geschichte außerordentlich interessant. Aber der Park ist auch in archäologischer, ökologischer und kultureller Hinsicht bemerkenswert.

## Kolonien der Wohltätigkeit

**Die 'Kolonien der Wohltätigkeit' sind weltweit ein Unikum.**

Vor 200 Jahren begann die gesellschaftliche Elite ein besonderes Experiment: Arme Stadtbewohner wurden auf der Heide in Frederiksoord und auf dem Moor von Veenhuizen in Lohn und Brot gebracht, um das Land zu kultivieren und Freibauer zu werden.

Dieses Experiment war eine wichtige Phase in der Entwicklung des Sozialstaates, wie wir ihn heute in den Niederlanden kennen. Durch die Kolonien der Wohltätigkeit sind die Dörfer Frederiksoord und Veenhuizen Anwärter auf einen Platz auf der UNESCO Welterbgutliste. Ein Besuch der Dörfer führt den Besucher in eine völlig andere Welt voller Armenhäuser, Ferienheime und anderer Denkmäler.

# Veranstaltungen von nationaler Bedeutung

**Das jährliche Dutch TT ist die größte eintägige Veranstaltung der Niederlande und wird auf dem TT-Circuit in Assen organisiert. Über 100.000 Menschen besuchen dieses Motorradspektakel.**

In Drenthe finden noch viele andere Freiluft-Veranstaltungen vor der prachtvollen Kulisse der Drenther Natur statt. So bildet der Drents Friese Wold beispielsweise den Hintergrund für Open Air Shakespearevorstellungen, die das Shakespeare Theater Diever hier jährlich aufführt.

WHELEN
TOTAL
TEXACO
Drenthe doet wat met je
BULTENA.nl
CIRCUIT ASSEN SINCE 1925
GEERT TIMMER TRIBUNE
IVECO
NEW DAILY

# Overijssel

provincie Overijssel

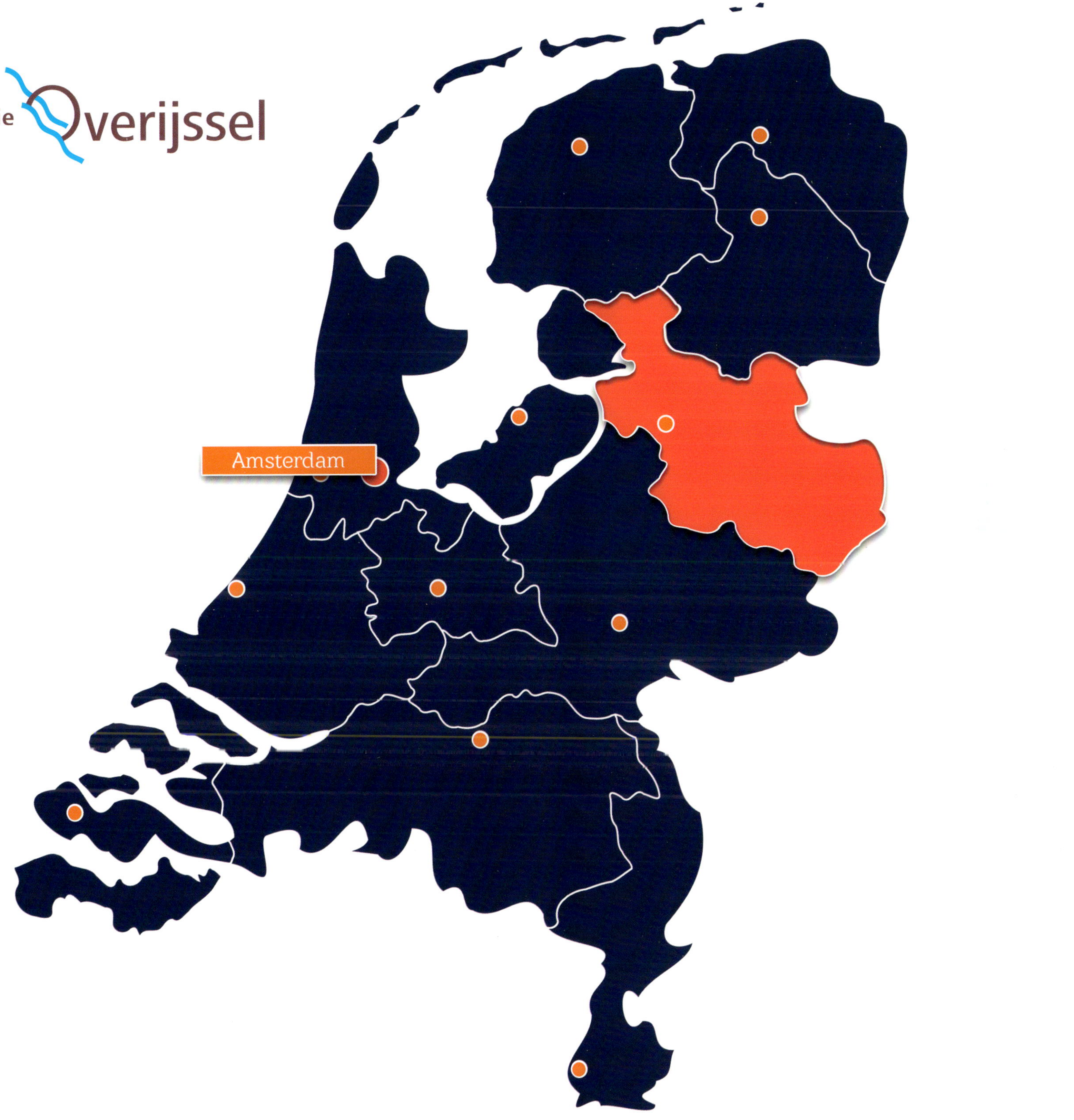

# Mit dem Stechkahn durch Giethoorn

**Die Würfel rollen. Zehn Felder weiter auf dem Spielbrett der Here & Now Monopoly-Weltausgabe. Der Spieler landet auf 'Giethoorn'. Giethoorn? Ja, das wasserreiche Örtchen im Nordwesten der Provinz Overijssel, durch das man mit einem Kahn fahren kann.**

Giethoorn findet sich als einziges Dorf der Welt auf der Spezialausgabe dieses beliebten Spieles. Das bedeutet zweifellos, dass in der Zukunft noch mehr Menschen 'Das Venedig des Nordens' oder 'Dorf ohne Straßen' mit einem Besuch beehren werden.

Giethoorn hat diese klangvollen Beinamen den kilometerlangen Grachten zu verdanken. An ihren Ufern liegen malerische Höfe mit Reetdächern, die mit einem Wanderweg über charakteristische kleine Brücken verbunden sind. Der Dorfkern ist nicht für Autos zugänglich.

## Kahn

Am besten lässt sich das Dorf vom Boot aus entdecken. Das geht natürlich mit dem traditionellen *Gieterse Punter*, der früher mit einem langen Stock (Staken) vom seichten Boden 'abgestoßen' wurde. Aber auch mit Kanu, Kajak, Schaluppe, Rundfahrtboot oder Elektroboot lässt sich das Dorf ausgezeichnet erkunden. Und als ob das noch nicht genug wäre, kann man im Dorf und Umgebung auch noch Aquabubbeln (in einem durchsichtigen, zwei Meter großen Ball laufen), Tretboot fahren und SUPpen (auf Stand-Up-Paddleboards stehen).

Giethoorn ist das Zentrum des Nationalparks Weerribben-Wieden. In diesem Naturgebiet kann man Wildtiere sichten, wie Otter und zahlreiche (Wasser-) Vögel. Von einem Elektroboot aus, vom Aussichtsturm oder im Entenfang. Ein Entenfang (auf niederl. eendenkooi) ist ein abgegrabener (oder natürlicher) Teich mit Gräben, die in alle Himmelsrichtungen verlaufen. Vogelbeobachter werden sich in der Umgebung von Giethoorn wohl fühlen, denn hier leben unter anderem Trauerseeschwalben, Kormorane, Silberreiher und Haubentaucher.

# Sieben Hansestädte an der IJssel

**Deventer, Zwolle und Zutphen: verbunden durch die IJssel. Aber auch dadurch, dass sie Hansestädte sind, wie noch vier weitere Orte an diesem Fluss. Eine Kette von sieben Perlen in Overijssel, die jeder gerne einmal aus der Nähe sehen möchte.**

Die Hanse ist im Mittelalter ein Verbund von Kaufleuten und Städten. Die Hauptziele sind der Schutz der angeschlossenen Kaufleute und der Ausbau des Handels. Im 14. und 15. Jahrhundert entwickelt sich die Hanse zu einer bedeutenden Wirtschaftsmacht. In ihrer Glanzzeit hatte die Hanse etwa 150 Mitglieder, die meisten aus Deutschland und den Niederlanden, aber auch aus Skandinavien, Polen und Flandern bis hin zu Spanien und Portugal.

Die Warenströme bestanden aus Artikeln wie Salz, Fisch, Getreide, Holz, Bier, Wein, Tüchern, Bienenwachs und Pelzen. Das Meer und die Flüsse bildeten eine wichtige Verbindungslinie für den Warenverkehr, unter anderem dank der Entwicklung der Kogge, die im 15. Jahrhundert das wichtigste Handelsschiff war. In den Hansestädten herrschte in diesen Jahrhunderten eine emsige Betriebsamkeit und die Wirtschaft erlebte eine ungekannte Blüte.

Der Wohlstand äußert sich in imposanten neuen Bauwerken, eleganten Kaufmannshäusern und beeindruckenden Handelsbüros. Die ursprünglich kleinen Niederlassungen entwickeln sich zu mächtigen Städten mit imponierenden Stadtmauern und -toren. Maler, Dichter und Philosophen lassen sich in der Stadt nieder und sorgen für eine Blütezeit der Kunst.

Alle diese Elemente haben in den wunderschönen Hansestädten an der IJssel ihre Spuren hinterlassen. Von Nord nach Süd sind das: Hasselt, Kampen, Zwolle, Hattem, Deventer, Zutphen, Doesburg.

## Hasselt

Das kleine Hasselt hat ein geschütztes Stadtzentrum mit kleinen Durchblicken und Gassen, die einen Besuch zu einem wahren Genuss machen.

## Kampen

Alleine schon die Stadtansicht Kampens ist einen Besuch wert. An der IJssel liegt eine prächtige Skyline mit der Braunen Flotte (traditionelle Holzschiffe) im Vordergrund. Eine gemütliche Stadt mit zahlreichen historischen Gebäuden.

Die Umgebung ist wie geschaffen für Rad- und Wandertouren durch das IJsselgebiet, eine wunderschöne Flusslandschaft mit Deichvorland.

## Zwolle

Die Provinzhauptstadt Zwolle hat ein malerisches mittelalterliches Zentrum mit ausgezeichneten Hotels und Restaurants und schönen Parks. Die historischen Fassaden, die Verteidigungsmauer, das Sassenpoort (Sachsentor) der Peperbus (Pfefferstreuer) und die sternförmig angelegte Stadtgracht bezeugen die reiche Geschichte der Stadt.

Zwolle ist auch die größte Einkaufsstadt in Overijssel. Es gibt hier hunderte von Geschäften unterschiedlicher Art und Größe, von großen Namen bis zu kleinen Spezialgeschäften. Und die gemütlichen Straßencafés laden zum ungezwungenen Verweilen ein.

## Hattem

Das bildschöne Hattem, die umliegenden Naturgebiete und das ausgedehnte Deichvorland in der Umgebung locken am Anfang des 19. Jahrhunderts zahlreiche Maler an, die den holländischen Wolkenhimmel über der IJssel zu verewigen versuchten.

Einer davon ist Jan Voerman. Im Voerman Museum Hattem sind viele seiner Werke zu bewundern, sowie die seines Sohns Jan Voerman Junior, der durch seine transparenten Aquarelle in den Verkade-Alben nationale Bekanntheit erlangte.

## Deventer

Deventer ist eine der ältesten Städte der Niederlande. Daher ist es auch kein Wunder, dass das älteste Wohnhaus aus Stein sich in Deventer befindet (im Sandrasteeg).

Im Mittelalter kommen Kaufleute aus ganz Europa nach Deventer, um die Jahrmärkte zu besuchen. Aus dieser Zeit stammt die heutige Innenstadt. Es gibt hier noch zahlreiche Monumente, die an die Hanse erinnern.

## Zutphen

Zutphen wird auch als Stadt der Türme bezeichnet, wegen der großen, historischen Gebäude, die die Skyline der Stadt prägen. Lagerhäuser, Kaufmannshäuser, Kirchen, aber auch Teile der Festung liegen an der Route einer Stadtwanderung durch die verwinkelten Gassen im Zentrum.

Bei den verschiedenen Museen, Höfen und anderen Sehenswürdigkeiten wähnt man sich fast im Mittelalter. Diese historische Stadt bietet auch eine attraktive Mischung von Geschäften, Gaststätten, Veranstaltungen und Kultur.

## Doesburg

In Doesburg weiß man ganz genau, wo der Senf herkommt: aus Doesburg! Denn dieser wird hier hergestellt. Das Mosterdmuseum (Senfmuseum) lockt jährlich zehntausende Besucher in diesen attraktiven Ort. Viele von ihnen kehren mit einem Glas Senf nach traditioneller Zubereitung nach Hause zurück.

Die Stadt liegt zentral am Rand der beliebten Wohn- und Erholungsgebiete Achterhoek, de Veluwe und de Liemers: ideal zum Wandern und Radfahren.

Overijssel

Beautiful Holland

ANOMAG

# Schloss Twickel immer noch bewohnt

**Eines der schönsten, immer noch bewohnten Schlösser der Niederlande ist Schloss Twickel. Es liegt auf einem wunderschönen 4000 ha großen Landgut in der Nähe des Städtchens Delden in der Provinz Twente.**

Die abwechslungsreiche Landschaft besteht aus sanft hügeligen Äckern und Wiesen, Wäldern mit jahrhundertealten Eichen, Heidefeldern und Moorseen. Dazwischen schlängeln sich Bäche und Gehölzsäume. Auf dem Areal des Landguts liegen unter anderem über 150 Höfe, zu erkennen an den schwarz-weißen Fensterläden, ferner zwei Wassermühlen und ein Holzsägewerk.

## Bewohnt

Twickel hat Gemälde, Möbel, Porzellan und eine Büchersammlung von allerbester Qualität. Dennoch ist es kein Museum, sondern ein Wohnhaus. Das macht eine Führung durch Küchen, Souterrain, Salons, Speisesaal, Bibliothek, Galerien und Wohnbereiche zu einem unvergesslichen Erlebnis.

In den Schlossgärten wird die Geschichte des Gartenbaus seit der Renaissance anschaulich gemacht. Nördlich des Schlosses liegt der offizielle Garten mit Orangerie und 'Felsgarten'. Hinter dem Schloss liegt ein ausgedehnter Park im englischen Landschaftsstil mit Spiegelteich, Rhododendren, Wildgehege mit Damhirschen, offener Stahlbrücke und zwei goldenen Rosenlauben.

Credits: Stichting Twickel

# Kein Souvenirladen ohne Holzschuhe

**Holzschuhe *(auf niederl. Klompen)*. Fast niemand trägt sie mehr, aber sie sind in jedem Souvenirgeschäft zu finden. Und zwar nicht nur aus Holz, sondern auch beispielsweise aus Delfter-Blau-Porzellan und oft bemalt mit den anderen typisch niederländischen Ikonen: Mühlen und Tulpen.**

Die aus Pappel- oder Weidenholz hergestellten Schuhe gibt es schon seit der Antike. Vor allem Arbeiter und Bauern in großen Teilen Europas trugen seit dem Mittelalter Holzschuhe, die eine warme und sichere Fußbekleidung sind.

Traditionsgemäß werden Holzschuhe in den Niederlanden gelb lackiert und manchmal mit einfachen Verzierungen versehen, die von Ort zu Ort verschieden sind. Die Alltagsschuhe wurden früher, für den sonntäglichen Kirchengang, gegen schwarzgelackte für die Männer und in Naturfarbe gelackte und mit einem Blumenmotiv versehene Exemplare für die Frauen eingetauscht.

Wer noch nie auf Holzschuhen gelaufen ist, kann damit seine Schwierigkeiten haben und schon bald seine oder ihre Holzschuhe verlieren. Der Holzschuh wird durch die Krümmung der Zehen beim Gehen am Fuß gehalten. Wer öfter auf Holschuhen läuft, macht das ganz unbewusst. Das Laufen auf Holzschuhen verursacht anfangs Schmerzen am Spann, aber man gewöhnt sich schnell daran.

Beim Holzschuhtanz ist es natürlich wichtig, dass man das Tragen der Holzschuhe gut beherrscht. Dieser niederländische Volkstanz zu Polkamusik wird als Paartanz in einer Gruppe aufgeführt. Mit ihren Holzschuhen geben die Tänzer einen Taktakzent, der die Bewegungen und Musik unterstützt. Heutzutage sind es vor allem folkloristische Veranstaltungen.

Auch wenn die Holzschuhe größtenteils aus dem Straßenbild verschwunden sind, waren sie am Anfang dieses Jahrhunderts die Inspiration für die Crocs, holzschuhförmige Schuhe, die aus bunt gefärbtem Kunststoff hergestellt werden.

# Gelderland

# provincie Gelderland

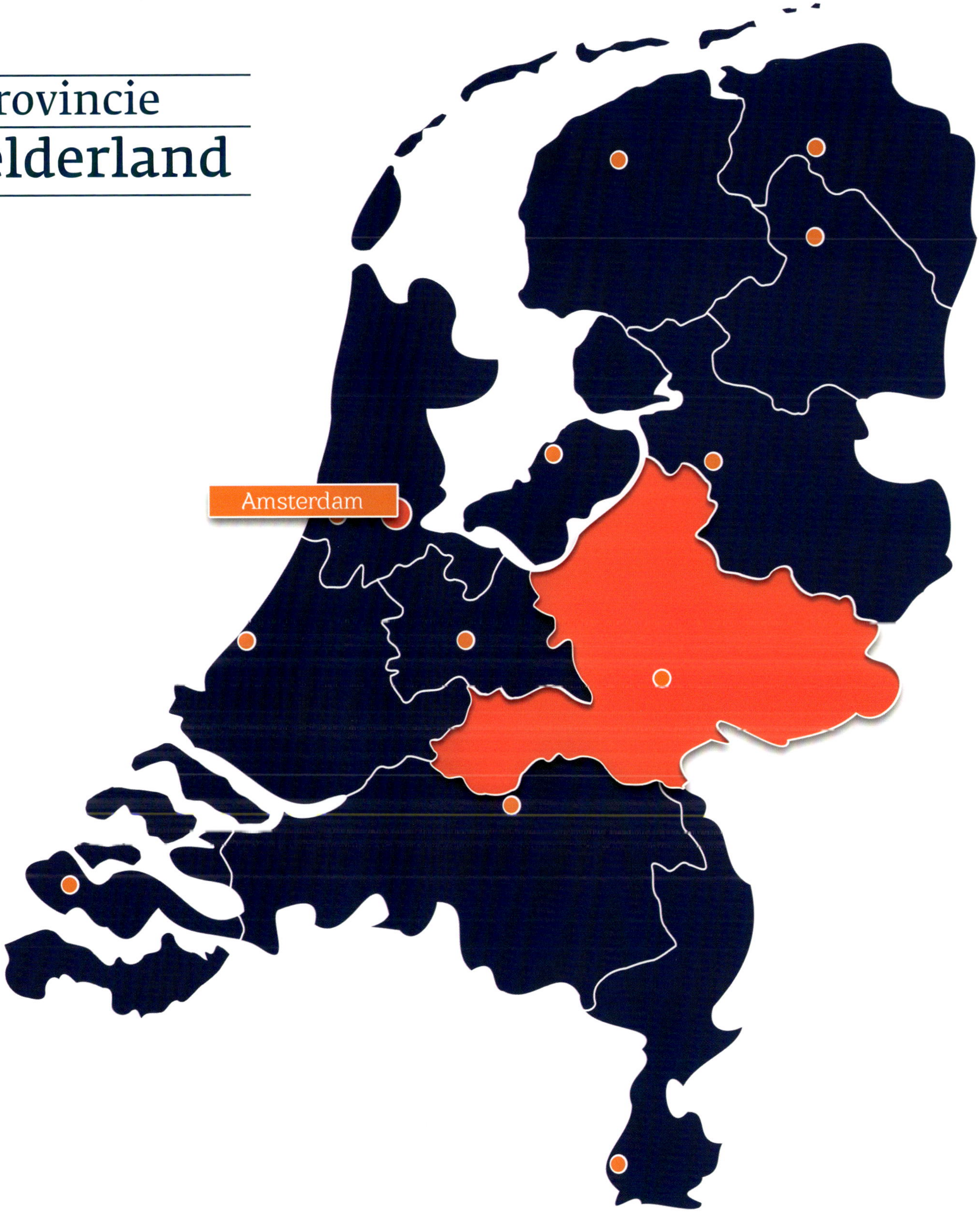

# Paleis Het Loo - 300 Jahre lang Sitz der Oranier

**Im Paleis Het Loo kann man sehen, wie die Oranier 300 Jahre lang wohnten und arbeiteten. Dieses ehemalige Königsschloss, in dem heute ein Nationalmuseum untergebracht ist, liegt am Rand von Apeldoorn. Die Barockgärten sind im Stil des 17. Jahrhunderts angelegt und in den Niederlanden einzigartig.**

Im Jahr 1684 erwarb der Statthalter Willem III. das mittelalterliche Jagdschloss Het Loo - das heute Oude Loo (das alte Loo) genannt wird - mit allen Gebäuden, Wäldern, Ländereien und Wasserläufen. Er wollte an dieser Stelle ein neues Jagdschloss bauen, um mit den Landgütern anderer europäischer Fürsten zu konkurrieren. Willem und seine Frau Mary Stuart (die spätere Königin Mary II.) waren Liebhaber von Architektur und Gartenkunst. Das 'neue' Loo sollte eine schöne Sommerresidenz werden, wo der Statthalter jagen und seine Gäste fürstlich empfangen konnte.

Im Jahr 1686 waren das Schloss und die Gärten so gut wie fertig. Drei Jahre später, im Jahr 1689, wurden Willem und Mary zu König und Königin von England, Schottland und Irland gekrönt und zu diesem internationalen Status gehörte ein größeres Schloss. Die Gartenanlagen wurden erweitert und man baute vier neue Pavillons, die den mittleren Teil des Schlosses mit dem Ost- und Westflügel verbanden.

## Wilhelmina

Nach dem Tod des Königlichen Statthalters Willem III. nutzten nachfolgende Statthalter, Könige und Königinnen das Schloss als Jagdschloss und Sommersitz. Nach dem Krieg kehrte Königin Wilhelmina zurück zum Paleis Het Loo, das ihr Lieblings-Schloss war. Nach ihrer Abdankung im Jahr 1948 zog die ehemalige Königin sich auf Het Loo zurück, wo sie am 28. November 1962 starb.

Prinzessin Margriet und Prof. Pieter van Vollenhoven waren zusammen mit ihren vier Söhnen die letzten Bewohner des Schlosses. Sie wohnten von 1967 bis 1975 im Ostflügel. Jedes Jahr um Weihnachten wird in Het Loo der Weihnachtstisch von Prinzessin Margriet gezeigt

Das Schloss ist seit 1984 als Museum eingerichtet. Nach einer umfassenden Restaurierung wurde die Außenseite des Schlosses wieder in den ursprünglichen Zustand aus dem 17. Jahrhundert gebracht. Spätere Erweiterungen wurden entfernt. Auch der Barockgarten aus dem 17. Jahrhundert wurde neu angelegt.

Die Gärten von Paleis Het Loo sind im Vergleich zu denen in Versailles von der Größe her eher bescheiden. Aber die Springbrunnen, die dank des hohen Grundwasserspiegels ständig frisches Wasser spritzten, übertrafen die französischen. Der Koningssprong (Königssprung) war in dieser Zeit mit seinen 13 Metern der höchste Springbrunnen Europas. Von April bis Oktober können Besucher die Brunnen in Betrieb sehen.

Die Gartenfiguren, Götter und Göttinnen aus der griechischen Mythologie thematisieren Wachstum und Blüte der Gärten und betonen, was für eine große Leistung es war, aus der ursprünglichen dürren Heidefläche einen wunderschönen Garten zu machen. Im Mittelpunkt steht Venus, die Göttin der Liebe.

## Park

An das Schloss grenzend und um das Schloss Het Oude Loo herum liegt ein Wanderpark mit wunderschönen Rhododendren und Azaleen. Es gibt acht Wanderrouten verschiedener Länge, von denen drei auch für Rollstuhlfahrer geeignet sind. Das von einer Gracht umschlossene Jagdschloss aus dem 15. Jahrhundert, das immer noch von der königlichen Familie genutzt wird, lässt sich nur aus der Entfernung bewundern.

Von jeher diente der 650 Hektar große Schlossgarten der Entspannung der Bewohner von Het Loo und ihrer Gäste. Königin Wilhelmina erwarb viele Hektar an Boden, die sie 1959 dem Staat schenkte, wobei das Nutzungsrecht für den Träger der Krone erhalten blieb. Diesem Umstand verdankt das ganze Gebiet seinen Namen: Kroondomein Het Loo. Der Schlossgarten ist nur ein kleiner Teil der Krondomäne Het Loo.

Credits: Pluimveemuseum

# Hühner und Van Schaffelaar

**Barneveld ist das Zentrum der Geflügelzucht. Aber außer durch Hühner und Eier, ist das Dorf aus dem Gelderland auch wegen des Sprungs von Jan van Schaffelaar berühmt.**

In der zweiten Hälfte des 14. Jahrhunderts und im 15. Jahrhundert wütete in der Grafschaft Holland ein Streit zwischen verschiedenen Fraktionen der Elite. Während dieser *Hoekse en Kabeljauwse Twisten* (Haken-und-Kabeljau-Krieg), wie sie in den niederländischen Geschichtsbüchern genannt werden, hatte die Kabeljau-Fraktion im Jahr 1482 unter der Führung von Jan van Schaffelaar den Turm der Barnevelder Kirche eingenommen.

Die Haken-Fraktion belagerte den Turm und wollten eine Übergabe nur akzeptieren, wenn Van Schaffelaar vom Turm herab geworfen würde. Um seine Leute vor dem Tod zu retten, sprang Van Schaffelaar selbst hinunter. Er überlebte den Sprung, wurde aber dennoch von den Soldaten der Hakener-Fraktion getötet. Auf dem Turmplatz steht seit 1903 ein Standbild von ihm. Auf dem Landgut Schaffelaar befindet sich das wichtigste niederländische Landhaus im Neo-Tudorstil, das in der Region Kasteel *De Schaffelaar* (Schloss de Schaffelaar) genannt wird.

## Hühner

Die Federvieh-Industrie und Barneveld sind unlösbar miteinander verbunden. Der Name des etwa 800 Jahre alten Dorfes findet sich in der Bezeichnung der Hühnerrasse de Barnevelder wieder, die sowohl des Fleisches als auch der Eier wegen gehalten wird. In Barneveld wird jeden Donnerstag Eiermarkt gehalten. Auch heute noch wird auf dem Barnevelder Eiermarkt der nationale Eierpreis festgelegt.

Im Niederländischen Federvieh-Museum am Hessenweg ist eine Dauerausstellung zu sehen, in der die Biologie und Geschichte von Hühnern und Eiern behandelt werden. Auch die Entwicklungen in der niederländischen Geflügelzucht werden gezeigt. Das Museum hat einen Auktionsraum mit einer Einrichtung von 1930 und einer authentischen Auktionsuhr. In dem 4000 m² großen Garten des Museums werden über 20 alt-holländische Hühnerrassen gehalten und zur Schau gestellt.

# Das Fahrrad ist für alles gut

**Das Fahrrad ist für 13,5 Millionen Niederländer ein Allheilmittel. Das Zweirad bringt sie täglich von ihrem Haus zur Arbeit oder zur Schule und zurück, dient als Transportmittel für Brief- und Zeitungszusteller, für Tagesausflüge oder sogar ganze Fahrradurlaube. Aber es dient auch als Medizin, Schlankheitsmittel und zur Schonung der Umwelt.**

Zwei Räder, Rahmen, Sattel, Lenker, Kette, Kurbelachse und Pedale. Und das achtzehn Millionen Mal. Denn so viele Fahrräder gibt es in den Niederlanden. Eine stets wachsende Anzahl hat einen Hilfsmotor. Und auch die Liegeräder sind nicht mehr aus dem Straßenbild wegzudenken.

## Aufpassen

Besucher, die zum ersten Mal in den Niederlanden und insbesondere in Amsterdam sind, müssen im intensiven Radverkehr vor allem gut aufpassen. Seit 2001 haben in den Niederlanden auch Radfahrer, die von rechts kommen, Vorfahrt gegenüber dem Kraftfahrzeugverkehr. Radfahrer fahren oft bei Rot durch die Ampel, über den Gehsteig und in Zickzacklinien zu ihrem Ziel. Waren sie schon früher kaum zu hören, kommen die Elektroräder oft noch schneller und leiser herangefahren.

Das ist eine kleine Unannehmlichkeit, mit der sich die meisten Niederländer einfach abfinden. Denn gerade in den verkehrsreichen Städten ist das Fahrrad die beste und schnellste Art, von A nach B und wieder zurück zu gelangen. So werden zum Beispiel die Hälfte der Fahrten zur Schule und Universität, ein Viertel der Fahrten zur Arbeit und ein gutes Viertel der Fahrten zum Shoppen oder Einkaufen mit dem Fahrrad zurückgelegt.

In den letzten Jahren sieht man immer mehr (oft überdeckte) Transportfahrräder. Familien mit kleinen Kindern sind oft auf Dreirädern unterwegs, einer modernen Variante der Transportfahrräder, mit denen die Bäcker- und Metzgerknechte im 20. Jahrhundert ihre Waren transportierten.

Für kürzere Entfernungen ist das Fahrrad ideal. In diesem kleinen, dichtbevölkerten Land mit vielen Einrichtungen (Schule, Arbeit, Geschäfte, Gesundheitszentren, Sporteinrichtungen) in unmittelbarer Umgebung zur Wohnung sind 70 % aller Fahrten kürzer als 7,5 km.

Das Fahrrad

## Wichtiger

50 % aller Autofahrten sind kürzer als 7,5 km. Das ist für die meisten Menschen weniger als eine halbe Stunde mit dem Fahrrad. Und, nicht zu vergessen: In den Niederlanden liegen beinahe 35.000 km an Radwegen. Der Interessenverband Fietsersbond (Radfahrerverband) ist daher auch davon überzeugt, dass das Fahrrad in Zukunft noch wichtiger wird, dass also noch mehr Fahrrad gefahren wird.

Fahrräder sind nicht nur ausgezeichnete und relativ preisgünstige Transportmittel. Radsportarten wie Radrennen, Bahnrennen oder Geländefahrten sind sehr beliebt. Die Nachfrage nach Renn-, BMX- und ATB-Fahrrädern ist groß. Auch die Natur gewinnt durch Radfahren. Wer das Auto stehen lässt und auf den Drahtesel umsteigt, leistet damit einen Beitrag zur Verringerung des $CO_2$-Ausstoßes.

Auch wer abnehmen möchte, liegt mit dem Rad richtig, denn Radfahren ist eine ideale Möglichkeit, Gewicht zu verlieren. Und dabei - typisch niederländisch- auch noch preisgünstig. Statt eines teuren Fitness-Abonnements holt man einfach das Fahrrad aus dem Schuppen und arbeitet an seiner schlanken Linie. Beim Radfahren verbrennt man durchschnittlich etwa 650 kcal pro Stunde.

Übergewicht, Herz- und Gefäßerkrankungen, Diabetes und Depressionen stehen oben auf der Liste der am häufigsten vorkommenden Erkrankungen. Sie verursachen viel persönliches Leid und sorgen für hohe Kosten in der Gesundheitsfürsorge. Die Medizin heißt: Bewegung! Und wie? Natürlich durch Radfahren! Radeln ist für viele auch eine Form der Erholung und Entspannung. Durch die Nachbarschaft radeln, in der Heimat Urlaub machen oder mit dem Rad andere Länder erkunden, eventuell auf einer der zahlreichen Radwanderungen, die von Organisationen wie dem ANWB oder ADAC herausgegeben werden.

Vasse 11
Tilligte 1,8
Tubbergen 15
Ootmarsum 4,8
Singraven 3,9
Denekamp 5,
ANWB
22245/001 ANWB

# Die Hoge Veluwe bleibt unabhängig

**Nur wenige Menschen wissen, dass die Hoge Veluwe sich in Privatbesitz befindet. Als einziger Nationalpark in den Niederlanden wird der Park hauptsächlich von zahlenden Besuchern finanziert. Das entspricht den Wünschen der Stifter, des Ehepaars Kröller-Müller, die den Park selbstständig und größtenteils unabhängig erhalten wollten.**

Anton Kröller und Helene Müller erwarben zwischen 1909 und 1921 verschiedene Landgüter in diesem Teil Gelderlands, die als privates Jagdrevier dienen sollten. Sie setzten hier Mufflons, Wildschweine und Edelhirsche aus. Diesen Säugetieren hat der Park immer noch seinen Ruf zu verdanken, obwohl die besonderen Vogelarten und Insekten sicherlich auch Aufmerksamkeit verdienen.

Am Anfang der 1930er Jahre geriet das Paar in finanzielle Schwierigkeiten. Der Staat half mit einer Spende von 810.000 Gulden, die von der Stiftung, die den Park 1935 erwarb und immer noch deren Eigentümer ist, verwaltet wurde. Diese gemeinnützige Stiftung will den Park als Naturschutzgebiet erhalten. Darum zahlen Besucher eine Eintrittsgebühr und tragen damit zur dauerhaften Pflege des Parks bei. Die Stiftung investiert alle Überschüsse vollständig in Erhaltung und den Ausbau des Parks.

## Gegenleistung

Als Gegenleistung für die Spende erhielt der Staat vor über 80 Jahren die Kunstsammlung von Frau Kröller-Müller, unter der Bedingung, dass im Park ein neues Museum gebaut werden sollte. Eine der Zielsetzungen der Stiftung besteht auch heute noch darin, der Bildenden Kunst und Architektur ein Podium zu bieten.

Der Park ist etwa 5400 Hektar groß und nimmt um die 5 Prozent der Veluwe ein, des größten Flachlandnaturgebiets  in Nordwest-Europa. Mit dem Park De Hoge Veluwe untrennbar verbunden sind die über 1800 weißen Fahrräder, die hier - gepflegt und gewartet - kostenlos ausgeliehen werden können. Noch ein paar Tatsachen und Zahlen: 200 Hektar Wald, 2100 Hektar Heide, 60 Hektar Flugsandgebiet, 43 Kilometer Radwege, 50 Führer (im Jadghaus Sint Hubertus), sieben Wildbeobachtungsposten, fünf Fledermausarten, 50 weiße Schlitten, fünf Rollstuhlfahrräder und drei weiße Rollstühle.

Jährlich kommen über eine halbe Million Besucher durch einen der drei Eingänge bei Hoenderloo, Otterlo und Schaarsbergen in den Park.

# Das Kröller-Müller Museum – Zweites Zuhause der Werke Van Goghs

**Die Kunstsammlung des Ehepaares Kröller-Müller bildet die Basis des nach ihnen benannten Museums im Park De Hoge Veluwe. Das Museum und der angrenzende Skulpturenpark locken jährlich über 250.000 Besucher aus dem In- und Ausland an.**

Das Kröller-Müller Museum in Otterlo ist das zweite Zuhause der Werke von Vincent van Gogh. Mit fast 90 Gemälden und über 180 Zeichnungen besitzt das Museum die zweitgrößte Van Gogh-Sammlung der Welt. Daneben hat es auch einige Glanzstücke moderner Meister wie Claude Monet, Georges Seurat, Pablo Picasso und Piet Mondriaan.

Schließlich befindet sich hier auch - last but not least - eine reiche Sammlung Moderner und Zeitgenössischer Kunst mit über 400 Arbeiten internationaler Avantgarde-Künstler aus den 1960er Jahren mit klingenden Namen wie Anselm Kiefer, Richard Long und Ellsworth Kelly. Der Skulpturenpark ist einer der größten Europas, mit Plastiken von unter anderem Auguste Rodin, Henry Moore und Claes Oldenburg.

Credits: Lo

Gelderland

# Freiluftmuseum und der Bildungskanon der Niederlande

**Das Nederlands Openluchtmuseum (Niederländische Freiluftmuseum) in Arnheim lädt jährlich über eine halbe Million Besucher zu einer Reise durch die Geschichte der Niederlande im Laufe der letzten Jahrhunderte ein. Durch die ursprünglichen Gebäude, traditionellen Handwerker und zahlreichen Aktivitäten wird die Geschichte sehr lebendig dargestellt. Im Laufe des Besuches werden immer mehr Fenster des Bildungskanons der Niederlande geöffnet.**

Das Nederlands Openluchtmuseum öffnete 1918 auf dem Landgut Waterberg in der Gemeinde Arnheim seine Tore. Im Laufe der Zeit hat sich der Schwerpunkt vom Leben und Arbeiten auf dem Land zur Kultur des Alltagslebens verschoben. Natürlich blieben die ursprünglichen Höfe, Arbeiterhäuschen, Mühlen, Kirche, Schule, Milchfabrik und Zugbrücke erhalten. Die alte Straßenbahn fährt immer noch. Daneben wächst die Sammlung von 170.000 historischen Gegenständen immer noch weiter. Das Freiluftmuseum veranschaulicht die Geschichte der normalen Menschen in den Niederlanden.

Die traditionellen Stillleben wurden jedoch durch lebende Präsentationen ersetzt. In den historischen Gebäuden sprechen die Mitarbeiter mit Geschichten und Vorführungen alle Sinne an. Es brennt sogar ein Feuer im Kamin. Daneben wird das Erlebnis durch Multimedia-Präsentationen bereichert, die gut zum Ambiente passen. Das Museum hat zahlreiche verschiedene Ausstellungen und bietet jährlich ein anderes Thema an.

## Brisant

Das Museum befasst sich auch mit Themen, die nicht ganz dem traditionellen Bild der niederländischen Kultur entsprechen. Wie zum Beispiel die veränderte Funktion des Landes in dem Wohnbauernhof aus Hoogmade, die emotionsgeladene Geschichte der Molukker in den Niederlanden und die Geschichte des langwährenden Landarbeiterstreiks in Ost-Groningen im Jahr 1929.

Der neue Kurs des Museums kommt wohl am besten in der Realisierung des Bildungskanons der Niederlande zum Ausdruck. Der Bildungskanon ist eine Liste von 50 Themen, die eine chronologische Zusammenfassung der niederländischen Geschichte bilden. In Zusammenarbeit mit dem Rijksmuseum in Amsterdam werden in den vorhandenen Gebäuden die 50 'Kanonfenster' Schritt für Schritt - digital und physisch – sichtbar gemacht.

Die Hauptausstellung soll 2017 eröffnet werden, aber heute sind bereits verschiedene Themen aus dem Bildungskanon der Niederlande im Museumpark zu sehen. Wie Kinderarbeid, niet in mijn tijd (Kinderarbeit, nicht in meiner Zeit), ein Familienspiel, bei dem die Teilnehmer in die Fußstapfen der jungen Arbeiter von damals schlüpfen und entdecken, dass Kinderarbeit für viele Kinder in der Welt immer noch Alltagsrealität ist.

*De Grote Oorlog* (Der große Krieg) ist eine erfindungsreiche Projektion über den Ersten Weltkrieg (1914-1918), bei der in einem Bauernhof bei Budel zwei niederländische Soldaten erscheinen. Sie erzählen, was sie in dem Noord-Brabanter Grenzdorf erlebten.

*Slavernij* (Sklaverei) spielt sich in dem Büro einer Kaufmannshauses im Zaangebiet ab. Der wohlhabende Kaufmann, der hier in der ersten Hälfte des 19. Jahrhunderts wohnte, war Eigentümer von vier Plantagen in Surinam. Sein Arbeitszimmer ist die Bühne für den Gegensatz zwischen dem Reichtum des Zaaner Kaufmanns und den elenden Lebensumständen der Sklaven auf 'seinen' Plantagen.

# Arnheim – Modestadt

**Arnheim ist der Standort der Kunsthochschule ArtEZ, unter anderem mit Studiengängen für Bildende Kunst und Mode. Daher ist es auch kein Wunder, dass es in der Stadt zahlreiche Modeateliers gibt. Die Einkaufszone ist groß und lockt Shoppingbegeisterte aus dem In- und Ausland an.**

In den Hauptstraßen liegt eine große Auswahl an Spezialgeschäften. Am Donnerstagabend ist Kaufabend und jeden Sonntag von 12 bis 17 oder 18 Uhr ist Kaufsonntag. Zwischen den Geschäften liegen zahlreiche Cafés und Restaurants an gemütlichen Plätzen, kleinen Höfen und natürlich am Rheinufer.

## Regenwald

Burgers' Zoo am Antoon van Hooffplein lädt zu einer Reise durch die verschiedensten Naturgebiete der Welt ein. Im tropischen Regenwald Burgers' Bush leben beispielsweise hunderte von Tieren frei zwischen den Tropenpflanzen. Riesige Kakteen und ausgesuchte Wüstentiere fühlen sich in Burgers' Desert zuhause und im Burgers' Ocean werden die tropischen Ozeane Südostasiens dargestellt, mit Korallen, farbenfrohen Korallenfischen, Haien und Rochen.

Ohne Wasser gibt es kein Leben. Das kann im Nederlands Watermuseum (Niederländisches Wassermuseum) entdeckt werden. Dieses interaktive, unterirdische Mitmachmuseum fasziniert Jung und Alt. Durch eine Abwasserleitung kriechen, lernen wie eine Kläranlage funktioniert, eine Wasserwaage benutzen: am Zijpendaalseweg werden alle Aspekte der Nutzung von Süßwasser behandelt.

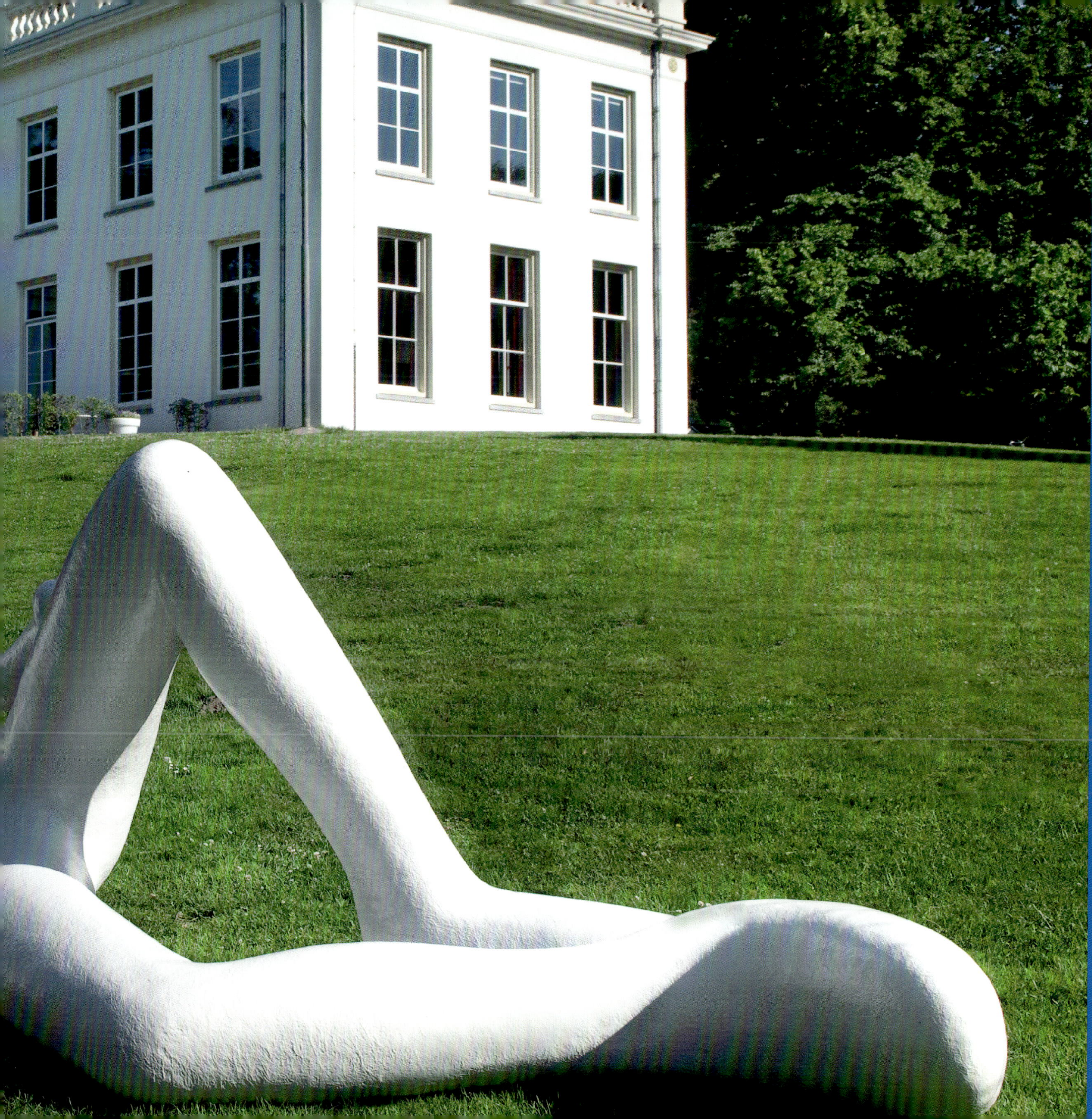

ORION

# Universität leistet Beitrag zur Ernährungssicherheit

**Die Universität des Ortes Wageningen in der Provinz Gelderland hat sich auf die Themen gesunde Nahrung und Umwelt spezialisiert. Mit 20 Bachelor- und Masterstudiengängen trägt die Wageningen University zur Ernährungssicherheit bei.**

Forschung und Lehre orientieren sich stark an der Anwendung in der Praxis. Das erreicht die Universität, indem sie verschiedene Studienfächer zusammenarbeiten lässt und Natur- und Sozialwissenschaften kombiniert, um zu einem integralen Ansatz für aktuelle gesellschaftliche Themen zu kommen. Darunter Themen wie Klimawandel, gesunde Lebensweise, der stetig zunehmende Druck auf natürliche Gebiete und das Wohlbefinden von Tieren.

Die Universität ist Teil des Wageningen UR, University & Research Centers.

Dadurch arbeitet die Universität im Bereich Naturtechnologie und Sozialwissenschaft mit den Forschungsinstituten zusammen, die ebenfalls dem Wageningen UR angeschlossen sind. So können gesellschaftliche Durchbrüche schnell in Praxis und Lehre umgesetzt werden. Das entspricht dem Wageningen Aanpak (Wageninger Ansatz).

Wageningen UR hat Niederlassungen an verschiedenen Orten in den Niederlanden. Ein großer Teil der Professoren, Forscher und Mitarbeiter wohnt auf dem Campus Wageningen. Die 6500 Mitarbeiter und 10.000 Studenten aus über 100 Ländern arbeiten sowohl für Regierungen als auch für die Wirtschaft in der ganzen Welt in den UR-Fachgebieten gesunde Ernährung, Lebensmittelherstellung, Umwelt, Gesundheit, Lifestyle und Lebensverhältnisse.

# Geschichtsträchtige Studentenstadt

**Nimwegen ist höchstwahrscheinlich die älteste Stadt der Niederlande. Dass die Universitätsstadt an der Waal viel historisch Schönes zu bieten hat, ist wohl eher ein Understatement.**

Um 20 vor Christus bauten die Römer ihr erstes Truppenlager in Nimwegen und nicht lange danach wurde im und um den Valkhof herum eine Niederlassung errichtet: Oppidum Batavorum. Diese Siedlung gilt heute als die älteste Stadt der Niederlande und bildete damals das Zentrum des Wohngebietes der Bataver, der einheimischen Bevölkerung, die ein Bündnis mit den Römern geschlossen hatte.

Im Jahr 69 kam es jedoch zu einem Aufstand der Bataver und die Stadt wurde verwüstet. Darum errichteten die Römer im Westen des heutigen Nimwegen eine neue, größere Siedlung mit Tempeln und einem Badehaus. Diese Stadt wurde Ulpia Noviomagus genannt. Im Osten wurde - an gleicher Stelle wie das erste Lager - ein neues Truppenlager für die Zehnte Legion errichtet.

## Valkhof

Het Valkhof ist auch der Name des eigensinnigen Museums, das den Mut hatte, seine große archäologische Sammlung mit Sammlungen aus den Bereichen Kunst und Moderne Kunst zu verbinden. Dass das ein schlauer Schachzug war, lässt sich aus der Tatsache schließen, dass das Museum Het Valkhof am Kelfkensbos jährlich über 100.000 Besucher empfängt.

Die Grote oder Sint-Stevenskerk ist die älteste und größte Kirche der Stadt. Sie wurde auf einem kleinen Hügel erbaut (Hundisburg). Ihre Geschichte geht auf das siebte Jahrhundert zurück. Vom 13. bis zum 16. Jahrhundert wurde die Kirche ständig erweitert, unter anderem mit einem eindrucksvollen Chorumgang.

Die Grote oder Sint-Stevenskerk ist die älteste und größte Kirche der Stadt. Sie wurde auf einem kleinen Hügel erbaut (Hundisburg). Ihre Geschichte geht auf das siebte Jahrhundert zurück. Vom 13. bis zum 16. Jahrhundert wurde die Kirche ständig erweitert, unter anderem mit einem eindrucksvollen Chorumgang.

Schon im Jahr 1656 gab es in Nimwegen eine Universität mit Studiengängen wie Jura, Theologie, Philosophie und Medizin. Leider musste diese Universität aus Geldnot 1679 wieder schließen. Am 17. Oktober 1923 wurde die Radboud Universität gegründet. Radboud hat den höchsten Anteil an weiblichen Professorinnen von allen niederländischen Universitäten.

Credits: Jurjen Drenth

# Limburg

provincie limburg

# De Groote Peel – eine Oase der Ruhe

**Der Nationalpark De Groote Peel besteht größtenteils aus einem zusammenhängenden Hochmoorrest, was in den Niederlanden eine Seltenheit ist. Wer Ruhe sucht, ist hier richtig.**

Einst lag an der Grenze zwischen Brabant und Limburg ein riesiges, etwa 30.000 Hektar großes Hochmoorgebiet. Durch Torfgewinnung und die anschließende Kultivierung zu Ackerboden ist der größte Teil des Hochmoorgebietes verschwunden. Übrig blieben nur ungefähr 4000 ha. Davon liegen 1400 ha im Nationalpark De Groote Peel.

Heute ist De Groote Peel ein wichtiges Naturschutzgebiet mit einer großen Vielfalt an Flora und Fauna. Außer zahlreichen allgemein vorkommenden Pflanzen gibt es hier auch spezifische Hochmoor-Pflanzen, wie verschiedene Arten von Torfmoos, Sonnentau und Lavendelheide. Man kann auch einige besondere Brutvögel beobachten, wie den Schwarzhalstaucher, die Nachtschwalbe und die Rohrdommel. Aber auch seltene Schmetterlinge und Libellen wie der Spiegelfleck-Dickkopffalter und die Kleine Moosjungfer haben hier ein Zuhause gefunden.

Das völlig ökologisch gebaute Besucherzentrum BuitenCentrum De Pelen ist das Eingangstor zum Nationalpark. BuitenCentrum De Pelen am Moostdijk in Ospel-Nederweert ist täglich von April bis Oktober und von November bis März jeweils von Dienstag bis Sonntag geöffnet

Das Fremdenverkehrsamt VVV Midden Limburg hat gemeinsam mit dem Routebureau Noord- und Midden-Limburg einen digitalen Routenplaner entwickelt. Mit diesem Planer kann der Benutzer mit Hilfe des *Knooppuntennetwerk* (Knotenpunkte-Netz) ganz leicht selber Routen für Radfahrer, Wanderer und Reiter zusammenstellen.

André Rieu Productions, Credits: Marcel van Hoorn

# Ein Sohn Maastrichts bezaubert Millionen

**Maastrichts berühmtester Sohn ist zweifellos André Rieu (1949). Der Violinist und Dirigent bezaubert Millionen mit seinen Aufführungen beliebter klassischer Werke von unter anderem Johann Strauß.**

Rieu wächst mit Musik auf. Sein Vater, André Rieu Senior, ist Dirigent des Limburger Sinfonieorchesters. Er selbst besucht die Konservatorien in Lüttich und Maastricht und schließlich die Musikakademie in Brüssel, wo er seine Vorliebe für den Walzer entdeckt.

1978 gründet er das Maastrichts Salonorkest, das er wegen zunehmenden Erfolges zum Johann Strauss Orchestra erweitert. Seit seinem ersten Hit, dem Second Waltz von Schostakowitsch im Jahr 1994, reist er mit spektakulären Shows um die Welt, in denen er einem sehr gemischten Publikum klassische Musik und Salonmusik, Operetten, Soundtracks und Popmusik präsentiert. Auch Menschen, die noch nie ein klassisches Konzert besucht haben, geraten bei den mitreißenden Konzerten von Rieu und seinem Orchester in Verzückung.

Seit 2005 erweist er seinem Geburtsort mit einer Reihe von Sommerabendkonzerten auf dem Vrijthof die Ehre. Dieser romantische Platz in der Innenstadt von Maastricht mit zahlreichen historischen Gebäuden, Kultureinrichtungen und Straßencafés hat eine makabre Geschichte: Seit spätrömischer Zeit und insbesondere im frühen Mittelalter befand sich hier ein wichtiger Friedhof.

Beautiful Holland

# Die älteste Arbeiterstadt der Niederlande

**Maastricht ist die älteste Arbeiter- und Industriestadt der Niederlande. Der Großindustrielle Petrus Regout (1801-1878) verhalf Maastricht zu dieser Rolle. Die Maastrichter Tonwaren aus seinen Fabriken sind ein Begriff.**

Heute ist die Großindustrie weitgehend aus dem Straßenbild verschwunden, aber viel industrielles Erbgut blieb durch Pflege und Wiederverwendung erhalten und wurde geschützt.

Maastricht entstand im Jahr 50 vor Christus als römische Siedlung am Ufer der Maas. Eine Römerstraße endet hier an einer Furt im Fluss. Der Name Maastricht kommt vom lateinischem Mosae Trajectum und bedeutet auch: Übergang über die Maas.

In spätrömischer Zeit bekommt Maastricht ein beeindruckendes Steinfort und seine erste Steinbrücke. Die stürzt jedoch im Jahr 1275 ein und wird, etwas nördlicher, durch die Sint Servaasbrücke ersetzt. Diese Brücke, die heute eine Sehenswürdigkeit ist, wurde zwischen 1280 und 1298 im Auftrag des Kapitels von Sint-Servaas erbaut.

## Bischof

Damit ist gleich der Name Servatius eingeführt. Er ist der erste Bischof der Niederlande und übersiedelt im Jahr 380 von Tongeren nach Maastricht, wo er vier Jahre später stirbt. Genau an dieser Stelle wurde eine Kirche errichtet. Die heutige Sint-Servaasbasiliek (Servatiusbasilika) ist die vierte in der Reihe der Maastrichter Kirchen, sie wurde ab 1200 erbaut und gilt als die älteste Kirche des Landes.

Die Servatiusbasilika im historischen Zentrum von Maastricht ist für die Öffentlichkeit zugänglich. Besonders viel Aufmerksamkeit zieht die Schatzkammer mit Tradition, Geschichte, religiöser Kultur und Baukunst auf sich. Der kostbarste Schatz ist der Schrein von Servatius, der auch noodkist (Notkiste) genannt wird, mit einem Teil der Gebeine des Bischofs.

## Strategisch

Durch ihre strategische Lage ist Maastricht jahrhundertelang eine der wichtigsten Festungs- und Garnisonsstädte im Nordwesten Europas. Die mittelalterlichen Stadtmauern werden im 16. bis 19. Jahrhundert mit eindrucksvollen Verteidigungswerken verstärkt.

Die Forts, die Überreste von Verteidigungslinien und Stadtmauern sind immer noch greifbare Zeugen der früheren militärstrategischen Bedeutung der Stadt Maastricht, in der spanische, österreichische, niederländische und französische Soldaten jahrhundertelang ein Viertel der Bevölkerung ausmachen.

*Credits: Petra Lenssen*

# Dreiländereck

**Im Dreiländereck auf dem Vaalserberg treffen Deutschland, Belgien und die Niederlande aufeinander.**

Die Grenzen zwischen Deutschland, Belgien und den Niederlanden sind auf dem Vaalserberg immer noch an den Überresten einer Verteidigungsanlage erkennbar. Diese wurde im 14. Jahrhundert angelegt, unter anderem, um Plünderer und Viehdiebe abzuwehren. In der Nähe der Überreste stehen zwei Aussichtstürme: der Wilhelmina-Turm auf der niederländischen und der König-Boudewijn-Turm auf der belgischen Seite.

Der Vaalserberg war mit seinen 322,7 Metern lange Zeit der höchste Berg der Niederlande. Diesen Titel hat er jedoch an Mount Scenery, einen 887 Meter hohen Berg auf der niederländischen Karibikinsel Saba, verloren. Denn durch neue politische Verhältnisse innerhalb des Königreichs der Niederlande ist Saba, davor ein Teil der Niederländischen Antillen, 2010 eine besondere Gemeinde der Niederlande geworden.

edits: Archief VVV Zuid-Limburg

# Lebendige Erinnerung an gefallene amerikanische Soldaten

**Der amerikanische Soldatenfriedhof Margraten ist der letzte Ruheort von 8301 amerikanischen Soldaten, die im Zweiten Weltkrieg im Kampf um Süd-Limburg, in der Ardennenoffensive und im Ruhrgebiet das Leben ließen. Die Erinnerung an die Gefallenen wird hier schon seit 70 Jahren lebendig gehalten.**

Jedes Jahr am Sonntag vor Memorial Day (der letzte Montag im Mai, an dem der gefallenen amerikanischen Soldaten gedacht wird) findet hier eine Gedenkfeier statt. Daneben wird hier jedes Jahr im September das Liberation Concert organisiert.

Die Netherlands American Cemetery and Memorial Stätte ist Friedhof und Mahnmal zugleich und entstand 1944. Captain Shomon, der damalige Kommandant der 611th Graves Registration Company, erhielt damals den Auftrag, einen Ort für einen Friedhof der 9. US-Armee zu suchen. Denn beim Marsch auf Berlin wurden viele Tote erwartet und man wollte die Opfer nicht auf feindlichem Boden begraben.

## Leihgabe

Im Oktober 1944 besuchte Shomon das Rathaus von Margraten, das am 13. September befreit wurde. Es wurde ihm ein 30 Hektar großes Grundstück am Rijksweg, westlich des Dorfkerns zur Verfügung gestellt. Die niederländische Regierung überließ den Amerikanern das Gelände als ewige Leihgabe.

Die Stiftung Adoptie Graven Amerikaanse Begraafplaats Margraten (Adoption von Gräbern des amerikanischen Soldatenfriedhofs Margraten) bietet Interessierten die Möglichkeit, das Grab eines gefallenen Befreiers zu adoptieren. Viele Leute haben sich mit den Lebensgeschichten der Soldaten von Margraten beschäftigt. Die Website www.adoptiegraven.nl bietet dabei Hilfestellung.

Beautiful Holland

# Eine Welt ohne Licht, Klang und Geruch

**Möchten Sie sich eine Stunde lang in eine völlig andere Welt begeben, eine Welt ohne Licht, Klang und Geruch? Dann nehmen Sie an einer Führung durch eine der Limburger Mergelgrotten teil.**

Eine Bemerkung vorweg: Grotte ist eigentlich das falsche Wort. Besser ist Grube. Es geht um 250 große und kleine Systeme von unterirdischen Gängen, die in den letzten Jahrhunderten in Süd-Limburg durch die Förderung von Kreide- und Kalkstein entstanden sind. Die Höhe der Gänge variiert von zwei bis zehn Metern und die Breite beträgt drei bis fünf Meter.

Im (niederl.) Volksmund werden sie allerdings seit Jahr und Tag Mergelgrotten genannt. Dies sind die bekanntesten: Der Zonneberg liegt im Sint Pietersberg, einem Naturschutzgebiet südlich von Maastricht. Eine beeindruckende Grube mit meterhohen Gängen und einem kilometerlangen Labyrinth, die über einen Zeitraum von etwa 800 Jahren gegraben wurde. Ebenfalls in Sint Pietersberg liegt das Nördliche Gängenetz (noordelijk gangenstelsel), in dem die Niederländer gegen die Franzosen kämpften.

## Valkenburg

Im Zentrum von Valkenburg aan de Geul liegt die Gemeentegrot (Gemeindegrube). Im Laufe der Jahre haben lokale Künstler die Gänge mit zahlreichen Holzkohlezeichnungen und Mergelfiguren verziert. Es ist die einzige Grube, die mit der Bahn besucht werden kann. Die Sibbergroeve im Dorf Sibbe in der Gemeinde Valkenburg ist mit 150 km Länge die längste Grube. Hier wird immer noch auf traditionelle Art Mergel abgebaut. In der Grube befindet sich auch eine Kapelle.

# Leckereien

Die Niederländer lieben Bitterballen, Drop und Haring, also Fleischkroketten, Lakritze und Hering.

# Stroopwafels (Sirupwaffeln)

Die Niederländer sind ganz heiß auf Stroopwafels (Sirupwaffeln). Zum Kaffee oder Tee oder zur Limonade. Oder auch zum Speiseeis.

Im 19. Jahrhundert wurden die Stroopwafels aus alten Kuchenstücken, Teigresten und Sirup hergestellt. Dadurch waren sie sehr billig und wurden daher auch Armenkoeken (Kuchen der Armen) genannt.

Heute besteht diese Delikatesse aus zwei dünnen Hälften einer der Länge nach durchgeschnittenen gebackenen Teigwaffel, mit einem Durchmesser von fünf bis fünfundzwanzig Zentimetern. Dazwischen wird eine Schicht aus süßem Sirup gestrichen.

# Poffertjes (kleine Pfannkuchen)

Poffertjes sind süße, dicke Minipfannkuchen. Sie werden auf einer Platte mit Mulden gebacken und umgedreht, wenn der Teig noch nicht ganz durchgebacken ist. Dadurch sind sie innen weicher als ihre größeren Brüder und haben eine hübsche runde Form.

Die Poffertjes-Bäcker in Restaurants oder an den Poffertjes-Ständen können die fast garen 'kleinen Kissen' so schnell umdrehen, das man es beinahe nicht sieht. Das gelingt einem zu Hause mit einer selbst gekauften Poffertjes-Pfanne natürlich nicht.

Die Poffertjes werden üblicherweise mit Puderzucker und Butter serviert.

# Bitterballen (Fleischkroketten)

Bitterballen und Bier: in der Kneipe oder zu Hause schon seit Jahrzehnten ein unschlagbares Team. Die kurz frittierten (Fleisch-) Ragoutbällchen - eigentlich kleine, runde Kroketten - werden meistens mit Senf serviert.

Bitterballen wurden früher zu einem Bittertje, einem starken Kräuterlikör, gegessen. Daher kommt ihr Name. Der Kräuterlikör wurde in den Niederlanden und Belgien durch Gerstensaft und in Spanien durch Wein ersetzt. Denn dort ist es ein Tapa, der auf einem Baguette serviert wird.

# Drop (Lakritze)

Drop ist eine aus der Süßholzpflanze hergestellte Süßigkeit aus Zucker oder Süßstoff, Salmiak und Stärke oder Gelatine als Bindemittel. Auch enthält Lakritze Aromastoffe wie Eukalyptus, Honig und Anis.

In den Niederlanden verzehren etwa 80 Prozent der Bevölkerung ab und zu Lakritze. Frauen essen davon mehr als Männer. Insgesamt werden in den Niederlanden jährlich etwa 32 Millionen Kilo Lakritze verzehrt, das sind zwei Kilo pro Einwohner. Die bekanntesten Sorten sind Dropveters (Schnürsenkel), Katjesdrop (Katjes), Griotten (gezuckerte Lakritzwürfel) und Jojos (Schnecken).

# Oliebollen (Krapfen)

Zu einem echten Silvesterabend gehören in den Niederlanden auch Oliebollen (Krapfen). Und der letzte Imbiss nach einer Runde über den Jahrmarkt findet meist am Oliebollen-Stand statt.

Die Herstellung der Oliebollen scheint nicht besonders schwierig zu sein. Einen Teig aus Mehl, Eiern, Hefe, etwas Salz und Milch eine Stunde lang aufgehen lassen, sodass der Teig schön locker wird. Eventuell Rosinen, Korinthen oder Apfelstückchen hinzufügen und mit zwei Löffeln eine Kugel bilden, in eine Pfanne mit heißem Öl geben und braun ausbacken.

Ordentlich Puderzucker drüberstreuen und der Schmaus kann beginnen.

Leckereien

## Hering

Eine Anleitung zum Haringhappen (Heringessen):

Halten Sie den salzigen Hering am Schwanz. Ziehen Sie den Fisch durch die kleingeschnittenen Zwiebeln, dann den Kopf in den Nacken legen, Mund aufmachen und den Fisch auf die Geschmacksknospen wirken lassen.

Am Heringstand oder an der Fischbude ebenfalls erhältlich: Hering sauer, Rollmops (aufgerollter saurer Hering mit Gewürzgurke und Zwiebeln), Brathering (gebraten, sauer) oder Bückling (geräuchert).

In der ersten Ju[illegible] gibt es Hollandse nieuwe (grüner [illegible] In Scheveningen wird dieses Ereignis traditionell als Vlaggetjesdag (Flaggentag) gefeiert.

# Tompouce (Cremeschnittchen)

Der Tompouce oder Tompoes ist ein rechteckiger Kuchen. Er besteht aus zwei Schichten Blätterteig mit einer dicken Schicht Vanillepudding dazwischen. Normalerweise mit einer rosa Glasur. Aber am Königstag oder wenn die niederländische Fußballmannschaft spielt, wird die Glasur auch gerne einmal orange gefärbt.

Der Legende nach hat dieser ‘süße Backstein’ seinen Namen dem Zwerg General Tom Thumb zu verdanken, der Mitte des 19. Jahrhunderts in einem amerikanischen Zirkus auftrat. Ein Amsterdamer Konditor sah seinen Auftritt und so wurde der Tompouce geboren.

# Jenever

Jenever (Genever) war ursprünglich Malzwein, dem Extrakte der Wacholderbeere hinzugefügt wurden. Ab Ende des 19. Jahrhunderts wird diesem hochprozentigen Tröpfchen meistens auch Äthylalkohol zugesetzt. Die vier Hauptsorten sind Jonge Jenever und Oude Jenever, Graanjenever (Getreidegenever) und Korenwijn (Maiswein).

In Cafés wird Jenever oft in einem kleinen Kelkje (Kelch) serviert, einem tulpenförmigen Glas mit Stil und Fuß. Das Glas wird so voll geschenkt, dass es fast überläuft. Beim ersten Schluck muss das Glas also auf der Bar stehen bleiben.

# Impressum

Beautiful Holland
van 't Hoffstraat 4
2665 JL Bleiswijk
Niederlande
T. + 31 (0)79 - 360 44 59
info@beautifulholland.nl
www.beautifulholland.nl

**Leitung:**
Gerard Lakwijk, Allgemeine Leitung
Claudia Lakwijk, Vertriebsleitung
Ron Huisman, Kaufmännische Leitung

**Redaktion:**
NetZoGemakkelijk journalistische und PR-Produktionen, Arno Ruitenbeek

**Konzept und Layout:**
Studio Brederoo, Danny Brederoo

**Übersetzung:**
Vertaalbureau Perfect

**Vertrieb:**
Lorance Teussink

Erstausgabe Mai 2015



**Mit Dank an:**
Toby Main (Amsterdam then & now)
Wikipedia
Het Financiële Dagblad
Frits Huffnagel
NBTC Holland Marketing
RVO
Ron Edes
Den Haag Marketing
Leiden Marketing
Drenthe Marketing
Amsterdam Marketing
Groningen Marketing
Toerisme Flevoland
Maastricht Marketing
Gemeente Utrecht
Marketing Oost
Rotterdam Partners
Provincie Zeeland
Maastricht Marketing
Visit Veluwe
Rijksmuseum, Amsterdam
Royal Delft
Andre Rieu productions
Kasteel Twickel
Nijhuis BV Klompenfabriek
Wout Houweling
Ingrid Konings
Isabelle Fransen
Falke Boskaljon
Cor de Boer